# 世間如鏡

## 以子為師

蔡碧仲 著

# 序
# 圓滿人生，話說究竟

李錫津

北宋金山寺名僧、三歲能誦《論語》、幼時有神童之稱的佛印，和能詩、能詞、能文、能畫、能工事的藝文大師蘇東坡，有一段精彩的人生對話：

有一天，蘇東坡拜訪佛印，兩人在禪堂打坐。

稍後，蘇東坡笑問佛印：「您看一看，我打坐時像個什麼？」

佛印笑說：「閣下慈眉善目，坐相莊嚴，像是一尊佛了！」

東坡大悅，接著，佛印也問了蘇東坡：「那閣下看我像什麼？」

蘇東坡心想，平時總讓佛印佔了上風，今天可得給點「顏色」才行，回答說：「尊座看起來，像一坨牛糞！」

佛印聽後，微笑不語，毫不介意！

自以為得了便宜的蘇東坡，回家後，還得意如實地向妹妹蘇小妹自誇一番，想不到，傳說中才華在蘇東坡之上的蘇小妹毫不含糊地說：「我看啊！你才輸慘了！」蘇東坡不解。

蘇小妹說：「你想想看，佛書不是說『一個人要是心中有佛，則萬物靜觀皆是佛』嗎？佛印禪師一定深有佛心，所以看到的你，像一尊佛；反之，你心中一定是裝滿了牛糞，才會把佛印看成一坨牛糞吧！」

這個故事，雖然只是蘇東坡有意作弄好友的笑談，卻深有禪意，說明了「一個人對外境知覺所得之印象、看法，往往正是自己心思的忠實『投射』」，亦即心中有美，所見皆美；心存醜陋，所見就只有醜陋了。可見，一個人心存傲慢，心中充滿負面思維，他所投射、說出的話，就很容易挾雜主觀的批判和責備！

巧的是，近讀法務部政次、碧仲兄繼其創辦圓滿究竟之道研究會後，將其研究佛學的心得結為一集，名為《世間如鏡——以子為師》的大作，見其書名、立論，正好呼應了蘇東坡和佛印機趣對談所示現的至理——「一個人內心想什麼，他看到的世間就會是什麼」；「他看到的世間是什麼，內心想的就是什麼。」如此一來一往，就形成了「世間如鏡」的意象。可見，「心」真的是人生萬法的關鍵，一如《華嚴經》所示：「若欲人了知……一切唯心造。」從而可見，《世間如鏡》裡一百多則短小精悍的心得，自是清晰回映出碧仲兄勤學佛法、用心佛理、無私分享時，心中精實、精進的「佛相」「佛境」了，真是不易。

要之，這些「心的例證」說明了修心的重要，也呼應佛陀「再也沒有比認識自己的心更重要」的教導。然則，心為何物?心者「心」也!以當代眼光來看：楊定一在《真原醫》中提到Dr. J. A. Armour所說，科學家在心臟發現至少四萬個神經細胞後提出的「心腦」概念，以及科學家在心臟中發現比較像ＥＱ而非ＩＱ的『心臟智慧（heart intelligence）』，能夠引導「個人的自我覺醒、人與人的關係、人與生活的關係、我們的行為反應及直覺，心臟智慧也能影響身體其它機能。」而佛法中，關於心也有多種不同說法，其中之一是把心分為「迷惑的心、沉睡的心」和「覺醒的心、醒悟的心」兩種，任何人不管學佛、信佛與否，擁有一顆「覺醒的心、醒悟的心」，允為要事，只是，盱衡實際，迷惑、沉睡者似乎更多，但是，即使精明、清醒者，有時也難免糊塗，而有待喚醒，這正是碧仲兄創設圓滿究竟之道學會，發心擔任心靈特派員的初衷，渠等希望透過讀書會、研討會……營造靈修平台，方便有緣人探索究竟之道、覺察醒悟之理、共逐圓滿人生。幾年來，該學會已引導許多人，帶領「自己」在社情複雜、資訊爆炸、媒體名嘴包圍，以及後現代假新聞轟炸下，難免惑於是非難辨、黑白難分之際，猶能作出相當穩健的抉擇。學會的努力、夥伴間相互噴灑的心靈芬芳，利人利己，應可謂積德、積善了！

如進一步看，還可以感知學會在理事長、會友用心耕耘下，對佛陀所示「如何了悟你的心」下了功夫，也一直努力於「覺醒、醒悟之心」的開發。而學會命名更直接呼應了佛陀「四依止」開示的要義，要之，四依止是佛陀看到眾生經常面對琳瑯滿目的師門、法門，到底「應該相信誰」才是究竟時所開示，言簡意賅、經典殊勝，不僅適用於「學佛」，亦可用之於一般「學習」、「學活」、「解惑」之上，是一組非常值得大家理解、依止、運用的善知識，這四依止分別是：

## 依法不依人

「法」是導引修行、充實修行能量的「義理模組」，不分僧俗、不分學者庶人，人再精明，其傳道、授業、解惑，殊難周全，因此，「依法不依人」成為避免「主觀、偏頗、『走精』」之道。

## 依義不依語

「義」是義理模組的「原生意涵」，語有「語言、語境」之分，均容易滋生誤解。六祖說過，語言文字有如指出明月的手指，但手指究非明月，我們要修的是明月般的原生義理，不是手指般的語言文字。

## 依了義，不依不了義

「了義」是「明明白白、完完整整」的義理，足以展現「圓滿、究竟、終極」之義，清晰說明事物、事理的真實樣貌，是修行者追求的終極目標、是修行依止之所在。

## 依智不依識

「智」是修行者之天平、是思辨抉擇之準據，要之，找尋圓滿究竟、求得終極了義之道，必須依止於智慧——一種清楚的覺知、敏銳的思辨、透澈的洞察、看透事務事理究竟的能力。

總之，為了因應大千世界的萬千法門、諸多態樣，我們亟需依止善知識，深入研究、梳理思辨，深刻洞察，求得正解和生活的安適。而圓滿究竟之道學會，旨在找尋人生終極圓滿之理，是力行佛陀四依止最好的體現。尤其，創會理事長碧仲兄，還用心將精彩心得集成《世間如鏡——以子為師》，有利持續分享。如今書成，得先拜讀，獲益良多，乃略誌數語，樂為推薦！

＊李錫津，長期投身教育界與政治界，曾任臺北市政府教育局局長、臺北市政府公務人員訓練中心主任、嘉義市副市長等職。

# 序
# 人在信仰中才能存在

胡忠信

父子之間的故事，是人類永恆的主題。在「舊約聖經」中，充滿這類戲劇張力的故事。

上帝為了考驗亞伯拉罕的信心，命令他將自己的兒子綑綁、殺害，如羔羊般加以祭祀。當亞伯拉罕即將動刀之際，上帝卻又加以勸阻，甚至說「你的信心通過了考驗」，從此以後亞伯拉罕成為「信心之父」。

古猶太國王大衛犯了罪，上帝令他初生的兒子在一個禮拜內死亡，大衛躺在地上不吃不睡，消極困頓。等到侍從來告訴他兒子死了，大衛跳起來沐浴更衣、刮鬍淨身，立即上朝問政。侍從問何以判若兩人，大衛回答：「我未來將會去我兒子去的地方，與他相聚。」

義人「約伯的苦難」是希伯來文的偉大史詩。上帝為了考驗約伯，允諾魔鬼將約伯的家人、恆產全部煙消雲散，在絕對無助困頓之際，約伯一無所有、全身爛瘡，他仍堅守「敬神愛人」之理念，最後上帝又賜福予約伯原有的榮華富貴。

上述三個最有名的猶太教經典教義，衍發出基督教的理念：上帝為了救世人，命其兒子耶穌釘在十字架上，目的是為了拯救世人的罪惡。父子之間的救贖故事，透過猶太教、基督教的傳播，直到十九世紀中葉的丹麥神學家齊克果，做了存在主義式的注解：

「人的存在不是悲劇、也不是絕望，人在信仰中才能存在，信仰只能經由絕望、苦難，經由痛苦與不斷的掙扎，才能落實人生的意義。」

拜讀法務部政務次長蔡碧仲先生的大著《世間如鏡——以子為師》，我用前述猶太教、基督教的思想加以會通，立即瞭然於胸，如同「獅子搏兔，心無旁鶩。」掌握到全書的主旨。佛陀告訴我們「以敵為師」，蔡政次歷經喪子之痛，了悟「以子為師」的更深層佛理，決心奉獻於「彼亦人子也」的偉大志業，我只能用一句話加以總結：

「人要回到靈魂的深處，探討生命的意義，在獨特的處境下，進行品質的躍昇，然後化為淑世救人的行動。」

*胡忠信，歷史學者，廣播、電視主持人。

# 序

蔡清遊

這是一本有關修身養性難得的好書，作者法務部蔡政務次長碧仲兄博學多聞，參透了佛法精義，兼及老、莊、基督教義，寫出了一百多篇他個人悟道的心得，編撰成書，囑余作序，余深感榮幸。

碧仲兄早年在臺灣嘉義地方法院檢察署擔任檢察官，嗣有感嘉義地區需要好律師提供民眾良好的法律服務，乃毅然退職，就在嘉義市執業律師，余因故鄉在嘉義縣，知悉其無論擔任檢察官或律師，皆有口皆碑，執業二十年間，迄再擔任公職前，可說已成為嘉義地區非常有名的大律師。原先，余僅知其法律素養深厚，並深富正義感，最近其交付本書，並囑余作序，余拜讀後，著實肅然起敬，想不到碧仲兄對佛法研究這麼透徹，對修身養性的領悟這麼的高深，實令人讚嘆不已。

本書主要以論及佛法思想為主，一般人往往認為信佛就是要拜佛祖、唸佛經，並認佛法是持宿命論，本書則點出佛法的核心，乃世間一切事實都是出於因緣，而非出於宿命，緣生所以無常，無常就會有苦，研習佛法的目的，就是要找出痛苦的根源，然後解脫痛苦；每個人的智慧都是均等的，不正確的人生觀，老是以自我為中心，就會作繭自縛，自尋煩惱，事實上，人的憂、悲、苦、惱等情緒反應，是從自我的觀念所產生，不是與生俱來的，對著回憶的人事生氣，生氣的對象和傷害永遠是自己；人生的高度決定於行動的態度，生活的品質決定於是否善待記憶，智者能把苦難轉化為生命成長的滋養與動力；一個好的佛教徒，可以讓基督徒成為更好的基督徒，而不是企圖把他改變成另一個佛教徒；同理，一個好的基督徒，也可以讓佛教徒成為更好的佛教徒，而不是想改造成另一個基督徒。大哉斯言，寬廣的胸襟，這就是正確的人生觀。

值得一提的是，碧仲兄的愛子誌鈞於二〇一二年十一月七日突然辭世，碧仲兄及家人在無比的傷痛之下，籌設「圓滿究竟之道研究會」，邀集親朋好友同道之士，每兩星期聚會一次分享心得，透過善知識的引導及精進修行，共同探討生命圓滿究竟之道。其帶領大家了解生命的真諦，帶著正念、正見修習布施，迄今數年，已獲致相當成果，可謂化小愛為大愛，實值敬賀。余在感佩之餘，乃樂為之序。

二〇一七年十二月七日

＊蔡清遊，司法院優遇大法官。

# 序

蘇文寬

我很高興的來寫這篇文章，起頭的第一句話就是：

文寬
你為我寫一篇序

我聽來很自然，也很喜悅，我堅信這一切都是最好的安排，誠如佛陀所說「緣分結在億萬年前」！

我和碧仲兄在一自然的機緣中認識：有一天在參加嘉義揪麻吉好友的聚會當中，我遇見了碧仲兄。當時就地緣關係上，我們是族群內不論工作還是居家都來自雲林縣的麻吉伙伴。在這之前，我只聞碧仲兄其名，未見其人，以其當時在嘉雲赫赫有名的大律師之尊，或有令人仰之彌高之印象，然而握手相互寒暄後，他卻無比親切友善，於言談和互動中，我更加感受到此人起心動念都是善；頃刻又見到其太太淑英，一股純樸自然的感覺，帶著溫和的笑容迎來，我就此更是感動於天賜良緣的能量，展現出來的是多麼幸福、快樂和康泰。

自從此次因緣際會之後，我們漸漸成為好朋友，相互關心、鼓勵而知心知己，我打從心中真摯的感謝碧仲兄的有情有義對我有諸多的開示和引導，讓我得以成長，其雍容大度是我所少見，其對佛學的體悟，更是我所佩服的，我非常高興人生有如此的好友，如兄弟般的情誼，是我今生的榮幸，我永遠珍惜！

所以在寫〈序〉的期間，我一直有歡喜心，因為這本好書《世間如鏡》是碧仲兄的子女愛夫妻愛、一切眾生愛、以及天地萬物愛的「究竟圓滿」之完整體現，是必讀的良書益友，將會廣為流傳，淨化人心、祥和社會，為國家帶來正向的能量！

最後我要用一首我的詩作來詮釋我心目中的同年的碧仲兄如下：

七言絕句

**自然大器**

豪邁一呼青天看，
亙古真情永世傳，
卦象自然大器樣，
心志磊落若日光！

＊蘇文寬，大山電線電纜公司副董事長。

# 自序

二〇一二年十一月七日的清晨，我及家人的「世間」改變了。愛兒誌鈞的匆匆離開，帶給我們無比的傷痛，為紀念誌鈞，特籌創「圓滿究竟之道研究會」，尋求生命究竟之道，找尋回家之路。幸在親朋好友的陪伴、支持及協助、鼓勵之下，略有所獲，差堪告慰誌鈞在天之靈。

誌鈞所示現「愛與分享」的能量，正透過研討會及網路發文散布在人群中，冥冥互動之中摸索出教綱、教案。而與日俱增的憶念正如無形的教鞭，不斷地提供洞見真實以及前驅求道的動能。感恩參與研究會的兄弟姐妹們，隔週踴躍支持課程研討之進行並提出寶貴的意見，在相互影響，彼此改變中進道提昇；也感謝諸多網友不吝在網路按讚支持及出言指教。

現實的經驗，不是抽象的思考，不是哲學，也不是宗教信仰。我們既然活在世間，最直截了當的，就是從現實的真實面下手，以認識世間；原本以為世間一切空如幻，若然，那我們在現實的世間要做什麼？我們積極地修行、持戒、行善等作為之意義及價值何在？這種破壞現實世間的認知，容易衍生出消極避世的態度。

「一切有為法，如夢幻泡影。」並不是指世間是虛假的、虛幻的，而是指所有現實的一切都是因緣的呈現。而因緣的呈現就是一種事實，只是法法都在關係當中呈現，而在關係當中呈現的一切法，相互影響、彼此改變，所以只能經歷而不能擁有；只是參與而無法掌握；只是一個流程而不是一個結果。所以我們才說它是沒有真實、自我、永恆的存在，洞見了這個真相，我們才不會有虛妄的作為和想像。

試問在現實的過程裡，永恆在哪裡？固定不變的自我及為我所有的事實又在哪裡？我們常以為只要尋求適當的努力或找一個正確的方法，似乎就可以將所有的一切固定下來，把握住一切，這是妄見，不依正見就沒有辦法捨除妄見；而正見就是對真實是因緣所生的真知灼見，即「法法皆在關係中呈現，是一個不斷變化的過程，並無結果可尋。」所以即便捨命不斷追求，也是緣木求魚，當然無法如願。

其實，我們不必爭論有無上帝，也不一定要去探索西方極樂世界存在可能性，因為即便我們再怎麼努力，也無法從現實中獲得經驗。想像既然都在現實之外，爭執有何實益?!況且有一條回家的路是安全穩當的，因為緣聚、緣散，不論我們在世間的身分尊貴或卑賤，妻孥、財帛多麼豐厚，終有離開人世的一天。故覺悟的人生應是以過去為借鑑及瞻望未來為目標而活在當下，讓自己當下一切行為都能不重蹈過去覆轍及迎向未來目標且現世安樂解脫，這就是福慧圓滿的人生。

人身是非常難得的，尤其擁有四肢健全、身心健康的軀體，更是福報。因為只有它這個「工具」，我們才能接觸佛法；也剛好我們出生在有佛法的地方，耳聰兼又目明，諸多因緣俱足，才有機會修行。

然而水能載舟，也能覆舟，人身會帶來一個能辨別是非的智慧，但對這個血肉之軀的執著，卻也是煩惱的根源。佛法就是能讓我們修得斷除「我執」根本痛苦的良方，當然這要透過長時間的觀察和學習才有辦法，若能找到善知識而且能一起薰習，是可以事半功倍的。

千萬不要等到快要沒頂時才找浮木，因為不斷地找理由或等明天，就會像仁者貢唐仁波切所說：未遇正法二十年；遇到正法後，想修、想修二十年；過了四十年之後，可惜、可惜二十年，人生就這樣空轉了，再也沒有比這個更遺憾的事了。

佛法不是繫縛牽絆於不可得的過去，也非汲汲營營於不可知的未來，而是不惶恐迷失於真實的今生。也就是說，過去未來都只是為了利益今生，而不是只為了消除過去災業，也非只祈求未來福報而放棄今生，過一種行屍走肉毫無意義的人生。佛法今生來世輪迴之說，絕非宿命應報之論，反而是要我們擺脫過去的繫縛及未來的框限，而著重在現世的覺悟與解脫。

沒有經過抉擇就信靠，很可能流於盲從。「他力救贖」的宗教，要求直接託付，必須全心虔誠信奉他們的「神」或「佛」，才能獲得超拔、救贖進入天堂或殊勝來世的入場券，而對價是無條件地「信」及「布施」（行善）等。然而人生是無常而不能自主，失去財富、地位、感情、親眷、健康等，都是這一生所必須面對的憂心折騰，它會帶來無止盡的哀傷，徒憑無條件地信靠與行善，痛苦是無法止息的。

「世間如鏡，若有所見，皆是自己對鏡投影。」（呂凱文教授著，《正念療育的實踐與理論》，二三八頁）其實，每一個人的世間都不一樣，因為世間就是我們身心活動所及，也就是注意力所在的地方，離開了它們，世間就不存在。

佛陀也說世間就是「六內入處」，即眼內入處，耳、鼻、舌、身、意內入處。（雜阿含經，二三三）也就是我們的身心活動，或注意力所及的地方，離開注意力，這世間就不存在。《六祖壇經》的名句也是這麼說：「佛法在世間，不離世間覺，離世求菩提，猶如覓兔角。」離開世間說法，就是神仙鬼話；逸脫身心活動修行，形同緣木求魚。

世間就是我們的內心世界所呈現出來的，而內心世界就是身心活動所生記憶的轉化，即六根（眼、耳、鼻、舌、身、意）對六塵（色、聲、香、味、觸、法）所起六識，在每個遇緣對境的當下，所出現的念頭、對象，不論好惡或愛恨，其實都是內心的自己，沒有別人。

因為無法洞見上開真相，好好消化記憶，善待自己，反而對外境的黏著及反應，讓我們不斷在憂、悲、苦、惱的情緒中繫縛著，像似狗吠尋自己的尾巴，攀咬的、編織的、吹捧的及綑綁的都是自己。

本書之出版，除了要感謝圓滿究竟之道研究會的同修們隔週踴躍參與課程分享，讓我能從兄弟姊妹們的互動中，適時修正求道心得，而有機會在教學相長過程中，持續地內化，並激發出不斷尋求正法的動能。親友對我們一家的支持與陪伴，身處於充滿正念的環境，使我們有餘力幫助更多人。還要感謝嘉博兄惠賜饒體「世間如鏡——以子為師」隸書，讓本書大大生色。以及籃咖啡的女主人桂沄不吝提供場域，並與月梅、月華、秀珍、尚儒等姊妹們，對新書內容辛勤地規劃、參與討論及校正等工作。

最後，我還是要特別感謝我的內人淑英、兒媳翊廷、慈瑩、女兒舒景、宛緻等家人，我們共同經歷了摯愛誌鈞離去的巨痛，沒有你們的大力協助，本書不可能順利完成，謹此致謝。

# 目次
contents

# 圓滿究竟之道研究會的緣起

圓滿究竟之道研究會的成立，並不是要標新立異，開宗立派，我們深信，可以依靠自己的努力，透過善知識的引導及精進修行，讓我們的身心苦痛得以療治甚或解脫。

圓滿究竟之道的核心義理不是信仰、哲學或思想，而是以可以驗證的命題來架構客觀而非人為施設的事實。它允許且鼓勵人們反覆地驗證，甚至摧毀而重建，我們沒有理由獨斷而霸道地要求「信了再說」，因為「人身難得」，不必盲從執著。

很多人求道，皓首窮年，均不得其門而入，耗盡一生的青春後，仍然流於盲修瞎練！究其原因，無非係迷信「他力」，如果藉他力來加強信心，無可厚非，但徒憑背教條、誦經或拜識等盲目信仰，欲求得解脫、自在，是不可能成就的。

佛陀教導我們一切法都脫離不了一己的身心活動，所以離開了身心活動，就無法可求。世間就是我們注意力所及的地方，不是指一般人所謂「五濁惡世」的客觀娑婆世界，而是我們自己的六根「眼、耳、鼻、舌、身、意」攀緣外塵「色、聲、香、味、觸、法」所生五蘊即「色、受、想、行、識」的主觀世界。

我們不必面臨困境才尋找生命的意義，溺於苦海之中才盲抓浮木，並非究竟之道。有時總覺得好像背負所有的不公而抱怨不已，當然你有權利痛苦，呼天搶地究責，昭告世人我是受害者，並苦尋元兇，亟思報復予以懲罰。不過，我們也可以開始修行，學習正念生活的藝術，增長智慧與慈悲的力量，用以減輕自己與他人的苦。藉由不斷地修習，深觀構成自我的五蘊（色、受、想、行、識），進而觸及天人合一不生不滅之實相，讓我們獲得最大的解脫，除去自己心中所有的恐懼，享有真正的自在，賦予生命真正的意義。

有關身心靈的著作很多，雖多能以己身慘痛經驗為例警惕他人，也許會讓人看了感動、聽了感慨，然畢竟事不關己，而且久了就會麻痺。為透過正念修習，行住坐臥均能心無旁鶩，養成深入而快樂地安住於當下的新習慣，我們需要有個地方，讓自己安靜地呼吸、坐禪，最好與人共修，共創安詳、和諧、喜悅與深觀的場所，才有真正法喜充滿的一天。

愛子誌鈞伴我十七年又七個月，是我生命中最傲然的擁有，在眾人驚呼的臍帶繞頸三圈半翩然降臨，其在母體內的活動力，也展現在網球運動上的天份。隨著誌鈞的成長，集所有鍾愛於一身，俊俏的臉龐、高䠷的身材及名校的準畢業生，人生至此，夫復何求？殊不知晴天霹靂、風雲變色，噩運已悄然接近，一個現在醫療技術可以應付裕如的氣胸，不到一個禮拜，就奪走了我的摯愛。愛子遽然離世，令所有親朋好友都感到萬分心痛及惋惜，留下了很多遺憾，我們不選擇轉頭迴避，而是正面迎接並實踐力行誌鈞所示現愛與分享的力量，「圓滿究竟之道研究會」於焉誕生。

# 天地不仁



「天地不仁，以萬物為芻狗。聖人不仁，以百姓為芻狗。」是老子道德經中被引用卻錯解頻率最高的「名句」了。不少人謬引其義為「老天把萬物都當做狗一樣」、「人命如草芥。萬物皆螻蟻」云云，常見媒體報導災難時，也指摘老天殘酷不仁！不時就來上一句「天地不仁！」以表達自己或他人是受到了多麼不公正的對待。

「仁」是儒家思想中心，修養的最高境界，深受儒學薰陶者，自然有可能因而誤解「天地不仁」之真義。然而芻狗是用草紮成的狗，古代祭祀時用為贖罪除禍的替身，在老子的思想體系中，「仁」不佔重要地位，反而排在「道」跟「德」之後，認為「失道而後德，失德而後仁。」自然引申出「仁」有偏私的說法，所以「不仁」的正解就是大公無私。

所以天地沒有任何偏愛，把萬物當成芻狗，讓它們自行榮枯；聖人對百姓也沒有任何分別心，把百姓當成芻狗，讓他們自行興衰。祭祀時粉墨登場，打扮漂亮，尊貴無比；用完退場後，無人聞問，棄如敝屣。表面上看起來好像無情不仁，事實上是真正的大仁！

唐朝詩人李賀曾以「天若有情天亦老」名句傳誦千古，表達對所處時代的無奈及悲天憫人的情感；用反證間接的形式，突出送別時深沈鬱結的情緒。卻被毛主席拿來吟唱「天若有情天亦老，人間正道是滄桑。」充當解放軍渡江攻佔南京的祭禮，並用來控訴當時的社會黑暗，合理化己方軍事行為是順天應人的政治宣傳。

天地運作，不住一切相，並沒有主觀的「天地心」來生養萬物，只是自然而生、而有、而滅。而人也是含攝於萬物之中，都是自然的、偶然的、暫時的因緣和合存在，終歸要還滅的「芻狗草」而已，並無特別之處，物我平等齊觀，何嘗有分別、偏愛?!

孔子也說「天無私覆，地無私載，日月無私照。」只是人私心自用，率認天地有好生之德，一廂情願、越俎代庖地讚歎天地心仁愛，了知上情而得道的聖人，心胸廣如天地、皎潔如日月，深諳一切事理，應作、當為者，皆順理成章而自然地做了，並不一定要緣於什麼。

老子見有自稱聖人之徒，標榜仁義救世者，泰半淪為徒託空言，都無實義的困境；甚爾假借仁義之師，逞一己之私牟利者，更是自欺欺人，等而下之，才喟然而嘆而說出首揭名言，不但切中時弊而且歷久彌新。

# 智慧與慈悲的交融

佛法並不否認相對的個性，但與一般強烈的自我實在感，就是我不變、我獨存及我主宰的「神我」論者，顯然有別。

你當然可以選擇比較接近自己這種「有我」的實在感，姑不論這樣的思想是不是有誤，或衍生的行為會不會是罪惡的根源，表面上，好像因擁有「我」的意志而自由自在，事實上不然。

否定自我中心的主宰欲，才有可能體貼一切有情同體而平等對待，而於所有的行為中，消極地不害他，積極地救護他。

唯有「無我」，才有慈悲。從身心相依、自他共存及物我互資的緣起正覺中，湧現「無我」的真情。

# 皈依

不知所以然地吟唱「皈依法、皈依佛、皈依僧」等偈頌，是修行的一種退化，喪失了皈依的真實義及功用。皈依必須出自內心真誠的策勵，就像在日常生活中，當察覺到危險，人們會策勵自己毫不遲疑地尋求安全的庇護所。

正如同Going for refuge（賣力尋得庇護）的意含，皈依是一種自覺的行為，而非只是一種理論信念的表白或傳統虔誠的儀式。所以我們要不斷地努力將皈依行為轉化為意志及理解，既然三界如火宅，我們不能只是渴望屋外吸引我們的安全與自由，而不付出真正的行動來脫離火宅。

意志、理解及信念相互為用，意志轉化為有目的的行動，讓信念免於情感自我放縱的無益與危險，也讓智力的理解避免僅止於理論評價；意志在實際的應用中，利用情緒及理智的能量以產生動力。理解提供意志引導方針，藉以檢視信念是否充足，並給予正確的內涵。信念則能防止意志懈怠，而且是賦予理解活力及目標的要素。

唯有當皈依與最低程度的堅強意志及如實理解相結合時，才算是真正的皈依。

# 生命的實相

色、受、想、行、識是組成生命的五種機能，它們不像生產線上的機械，具備著固定的狀態持續運作以製造成品；比較像是季節輪替或風雨雷電這些自然現象，必須等待因緣際會才倏忽展現，並於條件不在時隨之散滅，所以沒有堅實的存在本體，但作用顯著，讓任何人都無法漠視，這是佛法對於個體的客觀觀察，通稱「五蘊」。

生命不是靜態的，是靠五蘊接連不斷的運作以維持存續，因此生命是由它們的現象不斷積聚而得以延續，它們的積聚不是空間上的堆疊，而是時間上的累積，所以生命只是學習、經驗及成長的歷程。

因為五蘊僅以現象的狀態呈現，不可能長久而不枯竭，若期盼生命能夠延續，就必須不斷地攝取新的五蘊，一旦終止這種運作，生命將無以為繼，不斷地納入及積聚色、受、想、行、識這種生生不息的活動，就叫做生活。

即便是再有天賦、再有思想的科學家或聖哲，他們的經驗、心得所能推論的一切學識與認知，全部得自五蘊；無論是對於過去、現在及未來，人們也全憑這五蘊去瞭解、認知及推斷，人們的知識所憑藉的不過是從自己的身體、感受、印象、思想、辨識得來的經驗，並非來自一個不變的主體。

五蘊之外，找不到有一個「我」在主宰、操縱，也沒有任何現象恆常不變。正因為如此，當五蘊因貪欲而產生執取後，煩惱不斷的五受蘊，才有可能透過實修調伏、超越而斷除五蘊無止盡的渴求。

# 莫令佛陀異於世人

佛陀說：「如是人所知，我亦如是說。所以者何？莫令我異於世人。」佛陀是人，和所有正常人一樣，別將佛陀渲染成不生不滅、如如不動的佛性，或無所不知、無所不能，千處祈求千處應的神祇。

種種經商致富或事業成功行為，都是一種平實、平凡的生命活動，其間勝利的方程式，人人都能輕易探知，只是你做不做得到；而解脫欲貪束縛的梵行，也是一種平實、平凡的生命活動，其間的因果法則也是同樣地昭然若揭，並不帶有光怪陸離的神話色彩，能否實踐才是重點。

神話、預言雖能製造不可思議的驚奇、崇敬與神聖氣氛，並引發虔誠信仰的效應，但無法究竟解決人生面臨的困境，即使在高度的心靈淨化之後，無常的生命現象依然叫人感到挫敗，老、病、死及憂、悲、惱、苦的壓迫，依然得不到永恆、終極的安樂滿足。

# 龜毛兔角

六祖惠能禪師說：「佛法在世間，不離世間覺，離世覓菩提，恰如求兔角。」越南的一行禪師也說：「捨棄娑婆則無涅槃」。

佛陀告訴我們無法奉行、實踐的都不是正法、真理。所以只要叫你找「龜毛」或要你求「兔角」，那就是強人所難，絕對無法成就的。

頭痛時說自己的感覺是虛幻的，頭痛的「苦」不但不會好，人家還會說你頭腦有問題。要讓「苦」減輕或消失，你必須承認它的存在並了解其成因，如果你陷入「苦是虛妄」或是「我們必須超越它」的理論或觀念中，苦不會自己減少的。

透過佛法開示或書本知識薰陶，只有我們持續修行，苦就會逐漸地減少。慢慢地，所有的概念和想法都必須訴諸實際的經驗，因為言語和觀念惟有在付諸實踐時才有用處。當我們停止討論並開始在生活中逐步證悟佛法時，我們終將體會自己的生活即是道。

「苦」並非全然客觀的，泰半取決於自己感知的方式，我們可以先從佛陀所教導的四聖諦，進入修行之門，深入觀察了解苦的實相之後，就會發現苦正是我們離苦之道的導航者。知苦才能受苦，甚而離苦。

# 無底洞

我們常自我或對他人有品德、人格、內涵、才學思想等種種完美典型的期許。

對世界也存有理想國、大同世界、淨土、伊甸園、共產社會、美好世界等種種烏托邦完善的嚮往。

但所有這一切憧憬，終究只能停留在神話、幻想階段，永無實現之日，如果我們無法擺脫「欲貪」這個無底洞！

人為財死、鳥為食亡，人的一切苦痛成因來自「欲貪」，有了它們就必然產生世間種種苦難。其實大家都懂，但是拿它沒有辦法，原因是因為對它的認識知其然而不知其所以然。

如果它只是欲求外在的境界，還好商量，但榮華富貴的人多的是，有誰真正能夠宣布與苦惱絕緣?!因為它是個永不饜足的無底洞，表面上的需求好像是生命的安定與滿足而已，其實它真正的目的是不斷地追逐刺激我們的「五蘊」，它的功用就是持續地將「五蘊」汰舊換新，得寸進尺。

其實經驗告訴我們，人不可能永遠保持在一種永遠完美、滿足、幸福的狀態中，只要面對空虛、無聊、寂寞與不滿足時，「欲貪」就警告我們要改變，只要我們沒有覺醒，就一定會疲於奔命地隨它起舞，它是一切痛苦的病灶，要解脫自在就必須剷除它。

# 同理心

於人際交往過程中，能夠體會他人的情緒和想法，理解他人的立場和感受，並站在他們的角度思考和處理問題，就是「同理心」。

「同理心」就是將心比心，同樣的時間、地點、事件，把當事人換成自己，也就是設身處地去感受、體諒他人。因「感同身受」所以容易得到別人的共鳴，但彼此層次不同而無法比較時，卻仍依個人標準來評斷他人，就容易犯下錯誤。

例如作「其他人不可能知道我所不知道的事！」這樣的論斷，所以無法相信自己未曾親身體驗的事，這本無可厚非，不過當兩個人的智慧和修行屬於相同的層級時，才能評估彼此的能力，當有人在你面前表演不可思議的魔術，而你想破頭，卻怎麼也想不出其中的緣由，就是這個道理。

沒有親自投入科學研究的人，只能依照科學家的發現去學習，雖然我們沒有科學家的專業知識，但是運用常識及理智來判斷，如果認為科學家所說的事情是可能的，就值得相信。

佛陀親證的滅苦之道依然存在，追隨佛陀的足跡，我們不一定會有相同的成就，如果我們能努力修習，就可以獲得那樣的體驗和智慧。

# 心猿意馬

人們習稱的「我」就是心猿意馬的「心」、「意」而已，沒有其它！所以修行的對象是「心」是「意」而不是「我」。

一般人常說「我在修行」，不但容易混淆實相，而且也不可能成就，因為會愈修愈「自我」，而以自己的標準來評量自己，且「自我」意識就是一切苦的來源。

修行就是修「心」改「意」，讓心因為正念而增長智慧和力量，達到去除「自我」的目的，所以如果是「我」在修行，「我」怎麼可能去除「我」呢？

去除「我」的目的，就是為了達到「無我」的解脫境界，「無」並不是一般人所理解的沒有，而是從「有」的突破而呈現的另一種現象。所以「無我」並非否定色身的宛然存在，而是透過修行，讓心打開慧眼，觀見事物真正的本質，一切的存在只是自然現象，身體的姿勢是由因與果，依緣起的法則而形成，其中沒有「我」，當然也沒有「我所有」。

如果能讓心真正地滅除「自我」意識，心就不會讓「我」或「我所有」有立足之處，如此，就不會再有心猿意馬的煩惱了。

# 歸零

那一天早上，我在嘉中紅土球場地上畫了一個圈，球友們紛陳：不就是圓嗎？頂多就是圓滿、無缺、沒有瑕疵，還有什麼?!

我說：都對，但我寧願它是「零」，歸零！因為「有」才有愛，能夠愛到圓滿、無缺、沒有瑕疵，固屬美事；但我們常把愛恨情愁併列，也常以「人無百日好，花無千日紅。」來安慰自己，就知道世事無常難料。

「有」才會增減，凡人增則喜，減則憂；有謂無喜無憂，形同淡而無味的人生，意義何在？其實，「零」不是沒有，只是它不再提供增減可攀援之機，當我們色身破毀而離開人世的那一霎那，如果一切歸零，才有達到心無罣礙境界的可能。

「有」了，不必排斥，那是你該得的，但享有之餘，衍生的後果也應一起承擔。從來沒「有」的，也不是人的境界，所以人一定會「有」，但能不能節制就靠修行。

所以「有」是福？是禍？端賴一心！「有」而能節制，甚至歸零，那就是圓滿究竟的境界了。

# 最難的修行

不是在深山獨處，與人世隔絕；不是在禪坐中掉入某個境界。最難的修行是在關係裡，尤其是像夫妻、親子間或其他親密關係，我們為愛來的這個世界，最終也是這個愛最難解脫。

時間的關係，總是由親近而開始，以淡漠而結束！因愛存在，所以有了關心、照顧，分擔、包容、幫助，也因愛存在，所以有了抱怨、佔有、要求、傷害、排斥、淡漠。

世間最近的距離，最遠的距離，都是因愛產生的。有謂這個關係不是來報恩，就是來討債的，是讓你的心「有所住」的最大的果，是煩惱，也是菩提的所緣，能在這個因緣裡解脫愛，是最徹底的，當然也是最難。

親密關係發生衝突，只是因為他沒有滿足你的需要，不是因為對方真的錯了。反向思考，對方雖然沒有滿足你的需要，其實你也沒有辦法滿足對方的需要，彼此想要的不一樣，不代表哪方是對的，只能證明是彼此關係的「果」，與其抱怨「果」，還不如去看看那個「因」是怎麼造成的。

面對親密關係，做個發願解脫的勇士，修成一個自利利他的智者。

說出自己心裡想的，不活在猜測和等待對方的回應裡；做自己願意為對方做的，不讓行動總是留在頭腦裡。表達自己想要的，遷就和忍耐不能減少煩惱；彼此共同成長，不讓思想虛度在時間裡，不讓靈性消沈在慾望裡，這是生活的智慧，無關輪迴。

## 超渡自己

如果你常常感到悲傷、坐立不安、莫名其妙地想哭、動不動就發脾氣，其實不是你想哭、想發脾氣，而是你裡面的人正在躁鬱。這彰顯你已經產生「情緒障礙」現象。

情緒為什麼會產生障礙？如果你對自己「經常想些什麼？」「為何這樣想？」都不甚清楚，就不容易了解情緒是如何形成。

在產生情緒障礙之前，大概已對自身的「思想過程」不熟悉很久了；你將慢慢發覺原來所謂的情緒障礙，都是緣於自己過去不留意、不熟悉自己的思考慣性（或習性）帶來的結果。

不要預設任何立場和目的，因為你必須明瞭、熟悉自己真正的想法。也可以經常傾聽自己心靈的聲音，內觀思想的過程與內容，學會當個「思想的觀照者」！只是忠實的記錄，不要加諸任何人工或道德是非的批判，藉此認識那個「思想的自己」，而非只知道那個在工作、求學或日常生活中的自己。

光是情緒宣洩、逃避或是找人談心、渡假，乃至服用情緒安定劑，都是不夠的。但願所有人都能開始「看見」自己的思想，明白造成情緒障礙的真正原因是「思想障礙」。

我們走過的人生旅程，都曾有過心理不平衡，如果沒有常回過頭去接納、化解，就會有一個自己，還陷在水深火熱的負面情緒，等你超渡。你無法超渡任何人，除非你開始完善你自己。

# 有限的生命與無盡的志業

生命價值不在於長短，而是良窳，活得夠長不一定夠好；若能活得精彩，長短就不會是那麼重要了。在有限的生命裡活得精彩，比不斷抱怨更能獲得幸福。

如果你知道花了大多時間在執著的事情，都是那些生命將到站的人看起來沒有價值的事，你還會不會堅持？我們真正應該在乎的是，在有限的生命中，如何演出生命這齣戲？

沒有一個人不想「離苦得樂」，但卻愈想愈苦，因為離苦不是避苦，避苦固可尋得短暫的感官享受，但內心深處積累的罣礙並未因而化解，形同止痛藥劑僅能治標而不能治本一樣。

透析苦因，才能知苦離苦，覺悟「有」必然衍生苦，因需要而有，可以坦然面對苦；因慾望而有，會患得患失、自怨自艾。超過需要而取就是貪，貪多無厭形成癡，偶而未遂己願即瞋恨不已。

邇來，常有同參好友反應，接觸佛法後，本已自認不再輕易動怒，但稍有放逸，即煩惱不斷，無法壓抑，這就是「退轉」，修行要無時無刻地觀照自己蠢蠢欲動的念頭，稍有放任就容易率性而為。

我國著名的哲學家方東美教授說：釋迦牟尼佛是世界上最偉大的哲學家，佛經哲學是全世界哲學的最高峰，學佛是人生最高的享受。有鑑於此，乃成立圓滿究竟之道研究會，每兩週分享佛法心得，並審視是否自己在行住坐臥間，皆能實踐所學。然而習性的養成並非一朝一夕，學習佛法恰如逆水行舟，不進則退，欲自我完善不只是一種概念或知識，而是一個不斷修練的過程，西哲史賓諾莎說：「一個人越懂得保存自己，並尋求越多有用的東西，他的德性就越多。」

# 習性

看盡世間萬象、人事沈浮，困擾仍舊，煩惱依然；活在人間，雖有諸事紛擾，若能時時觀照自心，便可覺知心念起滅，不輕易受外在言語、人事變化而動搖內心的平靜。

有一個大樓電梯管理公司主管，因樓層號碼按鍵常在使用年限內故障，乃重金懸賞改善之道，獲獎的方法，是在按鍵旁裝置一面鏡子，鏡子裝了以後，按鍵保固期前損壞就沒有了。其實，當我們匆匆走進電梯，不管想到樓層的燈號是否已亮，常不自覺地壓按，顯然是沒有從容地觀察後再行動，如果我們能看到自己猴急的模樣，情況就會不同。

人的眼睛總是習於向外探求，看到的當然是他人的是非過失，而不見自己內心的貪瞋嫉妒。觀心就是看自己的心，多看就能多認識，與只看別人、只看外在相比，更能得到真實的快樂。

# 戲法人人會變

「佛法」其實是佛與法兩個字加起來詮釋其意義及內涵的，佛就是覺者，即覺悟的人；而「法」則包含整個宇宙人生一切的理論、現象，乃至於演變的程序。所以佛法就是對於一切「法」都能正確的認識，徹底、究竟、圓滿地明瞭、通達。簡單地說，佛法就是佛陀所講述的萬事萬物的真實面貌。

「佛法」不同於世間的學問，異於哲學，也不是宗教，就是「真相」本身，即事物的真實面貌。不會隨波逐流，也不會跟著心情或每日行程表而變化的根本實相。

戲法，就是那些「演得好像真的一樣」的假象，人人會變。要把佛法變戲法，只要加上一齣好戲所需的戲劇元素——情緒、衝突與動作就會成戲。我們是什麼樣的人，正在做什麼事，本來是一個簡單的事實。但這「事實」一旦被情緒和概念介入，就會發展成「幻想」，而且變得像夢境一樣，難以辨識，距離實相越來越遠，終將失去了見到自己真實面貌的能力，無法分辨「事實」與「幻想出來的情節」之間的不同。

經由修行，磨練自己的眼、耳等覺知器官功能，使它們越來越敏銳，讓我們能在見聞真理時，辨認出來，跳脫習以為常的思考模式，才有辦法探索內心。如果老是用頭腦反應，那心中早已存有成見、評斷，當然看不到、聽不進其他的，包括真理實相。

不管任何宗教或生命之道，如果不能為修行者帶來覺醒與解脫，充其量只是個「戲法」，無法真正帶來寧靜與快樂。因為不知道真正的我到底是誰？就會鎮日泡在川流不息的想法、概念、情緒之中，誤以為那就是自己。

佛法是覺者之法，當我們追隨覺者的足跡，才有覺悟的機會，也只有真正覺醒時，戲裡戲外才分得清楚，而不會因為迷惑自我而帶來痛苦。

# 法喜充滿

當我們聆聽了一場有關佛法或的開示或者參加一場由得道高僧主持的法會之後，常用「法喜充滿」來形容心中湧現出來的感受，其實「法喜充滿」的境界沒那麼簡單就可以體驗得到。

我們常談智慧，但那只是個概念，即使有部分流派的佛教理論，再將之細分為一切智、一切種智及一切道種智，都還是沒離開概念的範疇，概念就是知識，奔命鑽研的結果也只是知識而已！只有真正生活在佛法中，才有充滿法喜的可能，否則都只是空歡喜一場而已。

廣泛地接觸善知識，包括閱讀、聽聞及蒐集多方的資訊，之後再分析、歸納作選擇，選擇以後還要時時比較，從不斷地選擇、比較，是否確能落實於生活中。有了方法以後，要在生活中具體檢驗實踐的程度。而人難免會懈怠、放逸，必須要有精進的力量來維護，這時候有的人就會仰賴外力，但我們要深入審視，外力的有效性。如果只是短暫麻痺功能，那就無法了解造成我們不快樂的原因，遑論去除或減少我們的煩惱。事實上，只有明白自己身心運作的狀況，才有可能找出病因，並對症下藥。

佛陀講的道理、方法，大都圍繞在我們透過覺知器官所發展出來的身心

# 但書

一般法令都會有「但書」規定，當事人契約內容大都也會有例外約定。雖然有原則就會有例外也是常態。但想要在修行道上有所成就，是不能有但書的。

修行就是將心（mind）與愛（heart）的距離逐漸拉近，甚至融合為一的境界，就是我們所追求的圓滿究竟的喜樂境界。

「幫助自己最好的方法，就是幫助別人。」就在我們盡己所能，試著給予別人一些懇切的建言，把自以為是內心最深的洞見拿出來分享，真心希望可以幫助對方解決問題時，常常也就是自己頓然有所領悟，洞見自己問題的時候。

幫助別人如果存有「但書」，效果就會大打折扣，甚至徒勞無功。有時雖然我們嘴巴沒有說，但是心裡卻是這樣想：「如果你行為改善，如果對我好一點，我相信我會幫你一個大忙的。」常常我們想要幫助別人，但是事先又設定條件，希望別人達到要求。

把「但書」丟掉，接納別人的原貌，或許是一種冒險，但絕對是值得的，因為這是我們找到別人心與情緒的唯一方法，只有如此，才能真正對他們有所助益。

在生活中修行，我們比離群索居的修行者，有更多機會面對現實世界的挑戰。修行不必立於生活之外，在人群中修行也不必在意旁人異樣的眼光，修行可以完全融合於生活之中，把心靈修持融入世間的所有作為。

為了贏得精神絕對的自由，我們還是得從戰壕或掩體裡面走出來，測試自己的能耐，冒險接受真實的憤怒、真實的嫉妒及真實欲望的考驗。

# 內心戲

有部電影幾乎每天都上演，即便是「敝帚」我們也自珍，因為它是由我們一手包辦，自編、自導、自演的「內心戲」！

問題出在我們看不到自己身、語、意的真實本性，透過心中迷惑的鏡頭，把自己身體看成一個自己所擁有的、必須捍衛的事物，把自己的語言看成是成串的標籤與概念，並用它營造出這個二元對立的世界，落入世間好與壞、對與錯的念頭及善心人士與不法之徒的評價上，並緊抓不放。

我們最主要的迷妄，是對於「心」和「心理特質」的偏執，「心理特質」就是我們用來作為自我認同的一大堆人格特徵，而形成這些特徵最深層的因子，就是我們的「價值觀」和基本信念，易言之，就是我們的文化和外在環境條件，把我們塑造成現在這樣一個人，當然我們也難辭其咎，因為我們也可以選擇是否囫圇吞下。

「價值觀」是雙面刃，可以正面運作，也可以負面逆轉；可以促進和諧、共識與了解，相反地，也可以造成衝突與敵對，黑社會火拼，就是一個例子。所以我們所認同的「我」和深深執著的「我」固是自我認同的基礎，其實也是所有抗爭和情緒波動的核心。

我們常侃侃而談「煩惱即菩提」，但不懂如何實現。智慧並不是被埋在情緒裡的寶藏，憤怒、欲望及嫉妒閃現的剎那，就是覺醒的契機。情緒不只是可以對治的，本身就是我們的道路，只有當我們能直接與自己赤裸無掩的情緒交朋友，並善加利用，才有覺醒的可能。

巧婦難為無米之炊，或許你還在為自己拿亂七八糟、烏煙瘴氣的心感到難為情，但子不嫌母醜，沒有情緒，你什麼都使不來。

# 發明與發現

發明是無中生有的創造，發現是「證悟」的過程。

佛陀不是一個讓我們崇拜的偶像，而是啟發、鼓舞我們的力量。「證悟」就是心靈的覺醒，不是只有在兩千多年前才發生一次的歷史事件；否則，就只會有一個釋迦牟尼佛，而不會有其他諸佛的存在。

釋迦牟尼佛之所以被尊稱為「本師」，其實就已說明一切了，當我們憶念佛陀，目的是要看到自己的真實面貌，祂像一面鏡子，教導我們通往覺醒的道路，我們必須成為自己的嚮導；最終，除了自己，沒有人能帶領我們走過人生的風景。

我們總是夢想到西方或者是其他的勝境，那是因為我們認為「修行」存在於外界某處，不相信它就和我們在一起，就在我們每天的生活中，從簡單的念頭、呼吸之間就可能覺悟。

縱使我們置身在雄偉的殿堂，前方擺放莊嚴的佛像，知名的上師正在開演佛法，正襟危坐的學生齊聚一堂，沒有與心相連，都算是表象的佛法，充其量你只是個佛法稻草人！

「佛在心中莫遠求」，如果上師灌頂可以成就，那就是創造而非發現！

# 嚐到滋味

佛法並不是高不可攀、晦澀難懂的，是充塞在宇宙自然中的真理，也是我們本自具足的性能。

佛法或許能讓你找到真主，但不是我目前的能力所能企及的，與其爭論不斷，還不如務實面對，我確知只要依循佛法而為，一切因緣順勢而來。

「無」是境界，「空」是一種圓滿與自由，說起來容易，我們卻覺得它們深奧無比、遙不可及！直覺地認為，一定要具有超能力的特殊人士才能了悟的。

關鍵是在於我們常把心目中的自己當成一種恆久的，歷久不變的形體，獨立於外在的因緣之外，同時也認為圍繞自己的周遭世界，也同樣堅實地存在。

不管什麼宗教或法門，如果你不親力親為，只是相信「專家」的說法，不管多麼偉大或多麼殊勝的理論，都不會成為你個人的親身體驗，覺得難懂、無法體會，都是很自然的。

所有的概念都只是知識，再怎麼分析都還只是學問，「空性」、「無我」的滋味，沒有嚐到，實在很難相信，一直在「空性」、「無我」的概念上打轉，就像嚼口香糖一樣，嚼到最後會沒有味道，如果能夠一邊嚼，一邊覺察自心，檢驗每一個經驗到的念頭、感覺、情緒，或許就能真的嚐到「無我」、「空性」的滋味，屆時就會興致盎然。

# 與情緒為友

我們常把情緒視為負面，是不好的東西，是我們亟欲征服的對象。

我們常狠心逼自己的情緒冷靜下來，殊不知沒有情緒就沒有覺醒，情緒的能量正足以點燃智慧之光，如果我們懂得開始坐下來傾聽，讓它說話，感受它的冷熱，就會懂得情緒要告訴我們的事情。

有時憤怒不只是對某件事情不滿，欲望也不僅僅是想要追求某樣東西，在習性與煩惱所累積的心境之中，尚存有追求清明的渴望，與實相聯結的祈求，情緒不是敵人，不必凍結。

慈悲待人的前提，必須先能慈悲對待自己，無法欣賞自己的人，那有可能真正欣賞別人。我們如果能夠欣賞並感激自己的妄念、煩惱等一切迷妄偏執的表現，就會發現這迷惑的心，同時也是覺醒的心。

或許有時候，這顆心會讓我們感覺很糟、很慘，但不管多糟、多慘，還是覺醒的唯一管道，它是我們贏得自由解脫的唯一籌碼。

心像銀行存款，不管過去我們存了什麼，都已經孳生可觀的利息，不管是憤怒或忌妒，還是慈愛與悲憫，或兼而有之，每個人都有一大筆，只有當我們迎向覺醒，願意同理接納別人那同樣充滿迷惑的心，才能真正與人相處，帶給別人真正的幫助。

# 真相與假象

我們常有一些經驗，那些表面上我們恭敬以對的事物，其實已經很少受到我們真心的關切了。

任何事物一旦與我們失去真心的聯繫，不管那是我們收藏的珍品或是心靈的信仰，或許它會陪伴我們終身，但卻已經只是生命中的背景雜音了。

一個宗教傳統如果不能為其中的修行者帶來覺醒與解脫，就不符合創教的初衷，也無法發揮應有的效用，就只會變成一種文化的形式，這個形式已經與智慧脫節，當然不再具有令人覺醒的力量，這種宗教就是假象，就是戲法。

戲法也許能夠暫時取悅我們，卻不能讓我們從痛苦中解脫，甚至還會成為讓我們失望與灰心喪志的原因，在我們心中什麼也沒留下，徒留對形式化權威的反感及抗拒。

文化在我們生活中具有近乎令人盲目的影響力，如果真的想要了解我們自己，想了解我們的社會的真實面貌，我們應該要看出事物的「形象」（identity）、「意涵」（meaning）與「文化」之間相互依存的關聯性。

生活中常見的社會規範、宗教法則不一定就是真實智慧的展現，要完全的覺醒，必須從一切文化和心理的束縛中解脫，也就是要放棄心中早已充滿各種先入為主的成見、評斷，我們不只是要得到他人的肯定，而是不斷的「看」「聽」學習嶄新的事物，當我們真正敞開心，才有辦法聽到「真理」要告訴我們什麼，不管它是來自一個人或是一本書，還是我們自己的覺知，就可以知道什麼是真相，而什麼只是假象。

# 思考與觀察

復興空難造成數十個人的死傷，數十個家庭家屬遭受生離死別的莫大哀痛，呼天搶地，旁人只能徒嘆生命無常，以為這樣看一遍、想一遍就懂了「無常」。

我們很容易將「思考」和「觀察」混淆，也就是還未看清楚事實之前，就已經下結論了。可是事實上並沒有懂，因為這些結論都還只是停留在知識的範圍，雖然已目視眼前的一切，也在心裡面咀嚼「無常」，但與空難這件事的無常，並沒有真正結合、沒有相應，看歸看、想歸想，可是心裡那個眼睛卻還沒有睜開來，只是將「無常」的這個概念套在上面，所以表面上你是在觀察，可是那個觀察，並不是觀察，只是將結論復誦一遍、貼在上面而已！

真正的觀察如同喝一杯水，大口喝掉半杯，再一口飲盡，自始至終觀察到杯水從「有」到「無」形成空杯的整個過程盡現，此刻縱未下結論說這是「無常」，其實心裡早已經觀察到「無常」的完整事實。

這時候「思想」跟「觀察」就分離了，是趨近「實相」所必要，也是修行的基礎。

# 零

有開始、有結束的都是「零」，所有的「零」加起來也不等於「一」。

宇宙萬物都在變化之中，就叫做「相對的存在」，我們的生命有開始也有結束，就是相對的，如果沒有一個絕對的東西做為基礎，那麼相對的東西就只是幻覺。

短期生命，有朝生暮死的，也有「夏蟲不可以語冰」的夏天生秋天死者，比較容易理解，其實人生也不過數十寒暑，說短暫也不為過。

我們願意接受這樣的生活嗎？代代相傳遞嬗不已的生活，如果沒有一個根源，因為抓不到任何東西，就會是空虛的，生命也會像水滴一樣逐漸乾枯掉。

因為我們的經驗泰半都是相對的，所以從經驗找根源，無法超出經驗界的範圍，都是在「零」裡面徘徊！

# 概念世界的囚犯

我們所理解就是一個高牆圍繞的地方，裡面關著因犯罪而被迫與世界隔離的囚犯，八個小時用完三餐及固定時間放封活動，無法完整地體驗人生享受生命。

人常忽略視覺、聽覺、嗅覺、味覺和觸覺的直接感知，只看見念頭，一個抽象的概念，從感知迅速形成想法，甚至概念化。持續不斷製造標籤的結果，和親身體驗的距離就會越來越遠，而活在過去和未來的情緒世界中，生命被概念的世界接管了，再也感覺不到新鮮、自然、深受啟發的體驗。

當外在世界概念化後，個人就容易形成牢不可破的價值觀，看待事情非黑即白、非善即惡，放棄真切的體驗，「情緒」就會開始發揮作用，施壓念頭直接做價值判斷，日復一日直到筋疲力盡，生活變得非常地累人。

感知、念頭和情緒都是短暫、不恆常，由於來去迅速，讓我們察覺不出它們之中的間斷，看不見每一個心理活動之空隙，造成走路的時候並不是真的在走路，是「概念」在走路；吃喝也不是真正在吃喝，而是「概念」在吃喝，最後我們就活在自己所虛構的世界中，把自己鎖在小小的空間裡，關在生命的一個角落，幾乎和真實的自己完全隔離。

# 學佛

學佛是學習如何不迷惑，而使自己成為一個有智慧而慈悲的人。

覺醒是循序漸進而非一蹴而就的，信仰是誠實的態度，但人卻是最不可靠的，尤其自以為是宇宙大覺者或是什麼佛的。

宇宙信史能自證而說出修行的道理、方法的大覺者，釋迦牟尼佛就是值得信靠的一個。

佛陀體證萬法「空性」的道理，可以讓我們整個腦袋裡的雜亂磁場、系統歸零無染，之後才會包容、吸收而重建完整的系統。

事實上，「空」指的是沒有一件事能夠永恆存在，萬物都是我們執著五蘊以後所投射的影像，它不斷和合、成立、顯現、消失，周而復始。諸多條件組合變成一個現象的存在，每個人解讀的意涵不一定完全相同，自然無法呈現本來的面目。

「空」不但不是「沒有」，反而是「有」，是宇宙人生的道理，讓我們把混亂的腦筋系統歸零，如實不虛地認知一切，這樣萬事萬物才能各安其位、各得其所。

鏡子髒了或鏡面崎嶇，絕對照不出原貌，心不淨怎麼看得到真相，學佛的目的就是這樣，也僅止於此，為什麼一定要去找一個人來「迷」而信之?!

# 相對觀

「天下皆知美之為美，斯惡已；皆知善之為善，斯不善已。故有無相生、難易相成、長短相形、高下相傾、音聲相合、前後相隨。」（老子道德經第二章）故所有的價值判斷都是相對的。

宇宙萬物除了人類以外，都沒有所謂理想的問題，一切都按照本能運作，形成生態平衡。所以當雄獅欲咬死很可愛的幼獅之際，有辦法一定會開槍阻止；看到上岸產卵的烏龜所孵化出的小烏龜不及回到海中，就被其他動物吃掉，感到很殘酷。殊不知雄獅及其他動物的殘酷行為，雖弱肉強食，但卻是改良品種，反為自然界本身保持生態平衡所必要。

人類常自以為善，而成為麻煩的製造者，事實上，所有的判斷，如高下、長短、有無都是相對的，尤其是善惡！換一個角度，好就會變成不好，不好就會變成好，所以一切本來就是一個整體，不宜盲目進行價值判斷。

所有一切都是相反相成的，這就是「相對觀」。

# 智慧的訓練

智慧不是與生俱來的，智慧是靠訓練得來的。

智慧不是靠別人給的，是訓練自己本來就有的心智，讓他更強化、更敏銳的過程，最後達到光輝澄明的地步。

如果你認為「灌頂」可以生起智慧，那就不要浪費時間往下看。所以智慧並不是經歷什麼特殊的遭遇才會獲得它，也不必一定離鄉背井拋下日常生活的現實問題，躲進象牙塔才可以獲得。

事實剛剛好相反，正是我們日常中的種種細節和現實問題，才造就「智慧」的可能性，要得到它沒有什麼捷徑，只需要格外清晰地關照日常生活中的細節。

「禪修」就是用一種比平常看得更清楚的方式去觀看世界，結果會比過往所見都更加的深入而臻於事物的真實面貌－實相。

我們聽到或讀到一些學問，接著透過思惟，將它內化為個人的知識，沒有超越，它就只是知識而已，透過每天不斷地行禪、坐禪，就會產生一種不可動搖的自信，因為那才是我們緣於自己的經驗所證得的「智慧」。

捨此之外，都是「他力」，雖然省事，但不要怪它變動不居，因為它是因人設事，泰半經不起時間的考驗。

# 巧婦難為無米之炊



「水到絕境是飛瀑，人到絕境是重生。」

痛苦不是問題，除非我們看不到任何解除痛苦的可能性，只要我們願意在痛苦上面下功夫，痛苦就會變成一個有助於我們改變的經驗。

沒有痛苦，你再怎麼厲害，就如同巧婦一樣，難為無米之炊。或許有人生性樂觀，認為不需要痛苦，也一樣能夠過得安然，但大部分的人是因為有痛苦才會想要解脫。因此痛苦會大大增強我們祈願的力量，它像一帖催化劑，點燃我們勇往直前探究生命本質的決心。

沒有痛苦，我恭喜你，但碰上痛苦，與其失落、憤怒、嫉妒，倒不如積極面對，置之死地而後生，絕對不是遙不可及的幻想。

# 天下第一憨

從小就琅琅上口，種甘蔗讓會社榨糖是世界第一憨，事實上還有比這個憨的。

老王賣瓜自賣自誇，原無可厚非而且想的也是別人口袋裡面的鈔票。有一樣東西叫做「情緒」，我們也很喜歡推銷，若向別人推銷，看起來還沒有那麼笨，可是習慣上，我們更喜歡向自己推銷，那就笨得可以拿來賣了。

商場的交易常情，就是不斷地強調商品的重要性，讓買方動心，不管他們是否真的需要，以達成交易的目的。

同樣地思惟理路，我們也一直向自己推銷「情緒」商品的重要性，卻沒有考量到自己是商家同時也是顧客，也未慮及自己既是推銷員，也是容易受騙的消費者。試想，在這一場爾虞我詐的交易中，誰會獲利？誰又要負責買單？什麼時候才能繳清？

知道這是世界上最愚蠢的事情之後，我們其實還有其他選擇的，方法就是讓我們確知，「情緒」只是我們平常心念變動的一部分而已，而且是短暫、剎那即逝，若能真正覺知它「轉瞬即逝」的本質，我們就不會受制於它了。

# 我們最愛聽的故事

不管是別人說給我們聽或者是我們說給自己聽的所有故事中，我們最愛聽的，就是「我是一個什麼樣的人」。

弔詭的是，我們所有的痛苦、迷惑，追根究柢根源都是來自於這個癖好。因為我們所有的作為都出自於、也在反應這個「我」的感覺，但卻又無法恆定，因為自我的感覺不是一次到位，更非永恆不變，有時候我們甚至陷入一種昏暗的心境，也常常有茫然無知的感覺，令我們恐懼。

有了「我」就有「他」，而且「自我」一直在改變，自他之間的界限當然就變得模糊不清，自我的感覺並不是一生只升起一次，而是像海浪一樣潮起潮落瞬間生滅，當我們執著「我」的存在，「我的世界」也會隨之冒出，繼而構築高牆，時時戒備、守望，凜然不可侵犯，問題是「我的世界」常像空中樓閣或海市蜃樓般地容易瓦解。

不只是別人說的故事會迷惑你，我們也可能被自己告訴自己的故事給騙了。很多權威理論或許聽起來擲地有聲，但是說話的人有可能自己也不知道自己在說什麼，樹立高牆有時候看起來像是建立了一個安全無虞的堡壘，實際上也可能是封閉了聯外的道路。

# 閒到心閒始是閒

閒並不是怠惰，沒有事情可做，而是努力的修行，達到無事掛心頭的境界。

「春有百花秋有月，夏有涼風冬有雪，若無閒事掛心頭，便是人間好時節！」宋朝慧開禪師（西元一一八三－一二六〇）對於為人處事及如何安身立命，也做這樣的開示。

忙碌的生活，難免會有不如意，就容易產生煩惱，如果心中沒有清閒的餘地，來應付逆境，情緒就會產生變化而帶來痛苦。

所以我們要訓練自己，讓自己停下來，使自己繁忙的心識得到鬆弛和寧靜。如果習慣於膚淺地看待事物，就容易被錯誤的觀念又負面的情緒冲昏了頭，因而犯錯連連，令生命充滿痛苦。

不要害怕念頭升起，只要問好就道別，不用盤桓，更不需要排斥對抗，訓練自己回到當下，停下來放鬆，釋放內心的焦慮跟緊張，有好的修習，就不再害怕任何障礙和困難。

若常訓練把心帶回當下，讓身心一體，就會以更清晰、更平和的眼光去看待事物。一行禪師教我們：「就像是把綠豆浸泡在水裡一樣，無需強迫水滲入綠豆，只要把綠豆泡在水裡，讓水慢慢地滲入，綠豆就能慢慢的吸水膨脹然後變軟。你也是一樣，放下，身心的緊張會慢慢、慢慢、慢慢地釋放，你會變得越來越輕鬆平和。」

真正的清閒，並不是行動上的自由自在，更不是怠惰，而是內心清閒到一塵不染、心無罣礙。

# 心經的實踐

般若波羅蜜多心經，如果只是課誦與信仰，而不了解其義理並實修，利益有限，很可惜。

觀自在菩薩，行深般若波羅蜜多時，照見五蘊皆空，度一切苦厄。我們常會勸別人冷靜，但是當事情發生在自己身上的時候，卻很難做得到，關鍵在「當局者迷、旁觀者清！」旁觀者因為沒有介入自己的情緒，所以看法就比較客觀。

為什麼臨事總是關己則亂，而管不住情緒，問題出在「念頭」，因念頭到情緒之間隔短到根本沒有時間去思考，以第三者的角度去靜觀，而讓身體的感覺直接反射情緒，沒有深思熟慮，當然容易做出錯誤的判斷。

其實「念頭」只是一個會影響情緒的想法而已，不一定會實現，所以當念頭升起，不必急於迎拒，它並不能真正地傷害我們，除非我們受制於它。

成長的過程也同時養成我們的習氣，而且是不知不覺養成的，凡人只用身體的感覺判斷事情，尤其善用負面的情緒去判斷事情，其結局不問可知，如果能常常用智慧觀照念頭來去，放下習氣，心就會越來越平靜，而能看清事實的真相，如此才能離苦得樂。

心能創造也可以毀滅一切，如同水能載舟亦能覆舟，是解脫的種子，所有善、惡，是、非及好壞等相對念頭的起源，心有一切有，心無一切無，日子久了，就會慢慢發現身體裡的那位自在菩薩。

# 容忍與隨順

我們常用負面的方式去回應不喜歡的體驗，並自詡為阿Q面對窘況，就按兵不動，不去干涉或改變它，這是容忍，不是隨順。

容忍不等於隨順，兩者絕對不一樣。容忍的人會感受到負面情緒，而隨順者，不會。沒有負面情緒，才能體驗到真正的自由。

容忍，因表面上不會阻礙他人去做他們想做的事，對他人似乎有益，事實上不然，反而有可能讓他人錯失改善的先機。

容忍對自己絕對沒有好處，因為在容忍的同時，會吸收到負面的事物、感受到負面情緒而覺得不自由，而且不能終局地解決問題。

隨順就是要以修行所得之道理、方法，來發掘並利用時空實相中的資訊，連結引導內心思惟的方向。例如就算你我有異，但也很好，可以異中求同，不會因而受到負面情緒的干擾，且因有此智慧，而不讓注意力放在讓自己覺得不自在、不想要的事物上，自然就可以體驗到絕對的自由與喜悅。

# 息息相關

呼吸間就有佛法，只要你願意，不管是不是佛教徒，也不一定是嚴守佛陀戒律要求的苦行僧，一切都是平等的。

只要你願意追求，就有機會，何況這是自己對生命負責任的態度，除非你不願意，那就沒有辦法了。

佛陀只不過是一個老師，他發現了宇宙間至美至真至善的法則，在人前都是平等，跟你信不信、是否了解無關。

想要剷除煩惱的，要把心念淨化昇華的，都歡迎，只要你願意就有方法。當然不是唸唸經、持持咒及拜拜懺就可以，因為那可能只是交易，佛法沒有任何對價關係可言。

平常心才是讓修行者不出狀況的唯一法寶，我們一切的煩惱、痛苦、爭鬥都緣自於不接受諸法「如是」，不加、不減、不創造、不想像、不歪曲、不塗抹，諸法本來是什麼樣，就接受什麼樣，就是這樣！

佛法講諸行無常、諸法無我，這個「我」不是指沒有，而是指不能獨立存在，不能獨立做自己的主宰，一定會受到外在各式各樣條件的制約，但不是什麼都沒有。而念佛、持咒、拜懺既然都是轉移法，並不實用，只有以正法的力量，內觀證得的智慧，洞見諸法因緣生滅，才有解脫煩惱的可能。

# 用生命生活

一般人習慣用大腦推理度日，但生命的真相領域，有時候不可思議，不全然是經驗主義所能涵蓋，是大腦思惟所不及的。

我們很喜歡做生涯規劃，但有時耗盡心力仍無法兌現，就會慨嘆時也、運也、非我之不能也！足見，即便認真的生活、工作及學習，是否如願，還是要受制於因緣，這就是生命取向的思惟模式。

大腦的活動其實只是生命存在的一小部分，所以知識發達、概念掛帥的後果，就會產生所謂「富人的貧窮」、「幸福中的恐懼」種種的矛盾弔詭現象，這是我們想用大腦的成就涵蓋生命的一切所產生的必然結果。

大腦的自大，來自對生命存在的藐視與傲慢，當然無法全然受用，生命真相的探索有賴實踐而非學問，只有用心修行才能理解不可思議的領域。

# 真實的人生

相對於真實的人生的就是虛幻的人生，金剛經所謂「一切有為法，如夢幻泡影，如露亦如電，應作如是觀。」有為法指的就是虛幻的人生。

所謂「有為」，就是凡所為都有一個假設的前提，而這個前提是經驗、記憶所累積，都是受大腦的指揮與支配所得到的答案，正因為我們習於如此模式作有限地思考，虛幻的人生便是建立在此一假設的基礎上。

生命不作預設，沒有假設的前提，直接去接觸的，叫做「如實了知」，也就是「無為法」。生命本身無限的智慧是否能夠開展，端賴你的行為模式是有為或無為了。

假設的前提是記憶，把記憶所得的資料當做是一切推理的基礎就是「我執」，而自認推理是合理的，就叫「法執」。我、法二執造成虛幻的境界，而且形成我們所欲追求的人生目標。

或許你會說虛幻與否，我不懂！但人生有個追求的目標有什麼不好呢？有追求就有可能落空，不符合期待就會失望，一直得不到滿足就會沮喪，尤其是不當的期待，一定會受傷害，因為願望永遠不可能實現。

只憑經驗及記憶無法定位，所以明明什麼都有了，還是覺得不幸福、不快樂，一定是還缺少了什麼！用大腦取向是運用一種既存的假設前提，即便前提沒錯，也只是皮毛表相而已。沒有了假設，人生就會截然不同，直接接觸、如實了知，才是真實的人生。

# 自在菩薩

為什麼不是觀自在菩薩？心經首句不就是大家耳熟能詳的觀自在菩薩了嗎？甚爾還諍論觀自在菩薩是否就是指觀世音菩薩不已！

「觀」是動詞，觀即觀照，是人人與生俱來的本能，但由於長期以來，知識與經驗的累積，加上主觀的企圖與追求，致使大腦思考模式得以迅速發展而淹沒了它，邊際效益驅使下，速度與效率就變成人們追求的唯一目標。

發展效率追求到最大的利得之後，幸福的感受有沒有亦步亦趨？還是對生命充滿疑惑？如果是後者，就表示盲目的追求外在的世界是一種錯誤的模式，改弦更張是必然的選擇。

做自己的心靈工程師，從改造內部世界著手，監督內部的運作，從眼、耳、鼻、舌、身等與外部世界接觸的活動中，去感受是誰在主導？那是真正的自己嗎？或只是五蘊的運作？那五蘊的運作以外，還存在一個真正的自己嗎？是心靈工程師嗎？

我們仔細的觀察，會發現大腦作用的侷限性，因為生命本身不但多樣，同時又有矛盾的傾向，而大腦思考只能利用既有知識思惟推理，若能穿透大腦的運作，就可以感受真正生命的存在，有成為自在菩薩的機會。

## 心靈工程師

喜歡你的人，你說什麼、做什麼都對；對你有意見的人，你再多的努力，他也看不見，這無關公平，也不必慨嘆世態炎涼，人生就是這麼一回事！

既然如此，那為什麼還要努力呢？或者只討好人就好，幹嘛認真做對的事？甚爾常有「我本將心向明月，無奈明月照溝渠！」的無奈，這就是大腦思考的困境。

大腦思考的基礎是經驗與知識的累積，加上主觀的企圖與追求，再把「我」融入其中，形成自我意識的結果，雖易使抽象概念具體化，且有主體可以攀附執著，但也讓自己的色身不自覺地陷入自我設限的牢籠，誤以為色身是「我」的禁臠，也是展示場，是一切的主宰、宇宙的中心。

囿於背景因素，每個人獲取知識多寡、累積經驗的速度及質量有異，且外境變化無常不穩定，加上彼此工作忙碌、競爭激烈，績效掛帥的心理因素作祟，讓人脫離生命的本質，且愈來愈遠，這也是成就愈大，人性愈淺化、浮躁，社會愈動盪、不安的原因。

人異於其他動物者幾兮？惟「覺性」高低而已！大腦取向的思惟模式，

最大的問題是漠視「覺性」而否決了生命本體的存在以後，就必須假設某種主體來作為一切萬法的根源，甚爾，若執著假立的自我，說不盡的錯誤和痛苦很可能就伴隨終生了。

所以人在成長過程中，即便未遭遇重大橫逆，也應隨時提高警覺，避免誤入歧途而不可自拔，表面上看似容易，卻是改造生命的浩大工程，是力行實踐的長期工作，而非茶餘飯後的閒談話題，但常常是言者諄諄、聽者藐藐，甚至藉詞多端，自斷法身慧命。

心靈工程師是運用親身體驗、感受所得般若智慧來完成心靈成長及生命改造的工程，主要任務是建構內部世界，以替補外在世界的執著，以達成生命取向的思惟模式，徹底完成生命改造的目標。

觀照是人人本具的一項生命能力，不善用實在可惜，且所涉及的是專業工程，必須專心投入，才能克竟其功。

# 現實本身不是「苦」

如果現實本身就是苦，那我們逃避現實就可以了，但人生離不開現實，不管你願不願意都必須面對，那真的就沒有任何解脫的餘地了。

「苦」是因緣所生法，而緣生法在緣生的當下，必然受因緣的限制，即任何人都不可能「欲令如是」或「欲令不如是」，也就是說沒有任何人是可以隨心所欲的。

遺憾的是，很多人沒有看清楚這樣的真相，當遇上常態的想法與真相不一樣，就會努力地按照自己的想法去追求，因為題目設定的前提已經錯誤，不符合己意的結果，就會產生失落感，衍生痛苦就是必然的。

所以痛苦也是因緣所生，知道痛苦的真正原因，才能找到息苦之道。

# 緣生無常

「緣」是一種影響，緣生就是影響而生，既不自生、不他生，也不是共生（聚集而生）。

緣生是一種流程，只能經歷而不能擁有，只有參與而不能掌握，是一種流程而沒有結果，所以說它「無常」。

「你影響了我」或「我影響了你」的概念，是一般人的口語，也是認知，但並非實相。真實面貌是，在「你」影響我的過程中，已經蘊含有「我」影響你的因素在內，就像冷熱水的融合，你說是冷水影響熱水，還是熱水影響冷水？所以影響是一種經驗的流程，你我都是參與者，沒有主動、被動之分，更沒有誰擁有這段「經驗」?!所以沒有「你」，也沒有「我」的永恒存在。

經驗只是流程而沒有結果，凡人誤認經驗是結果，是固有的、存在的，所以執著而貪戀，結局一定是愛不到，因為它根本就不存在，它只是流程而已，所以必然會有失落感，煩惱就源源不斷了。

# 學佛是最高的享受

北大著名物理學家黃念祖教授曾說：佛教是宗教而超宗教，是哲學而超哲學，是科學而超科學。著名哲學家大儒方東美教授也讚嘆：佛教哲學是全世界哲學的最高峰，學佛是人生最高的享受。

大家都懂的事：小時候，幸福很簡單；長大了，簡單就很幸福了。所以如果習於把簡單的事情弄得很複雜，要幸福，恐怕就不容易了。

學習佛法可以讓思緒變得清晰，能夠執簡馭繁地面對而處理世間事，真理可以從不同的角度去展現，但絕對不會言人人殊，莫衷一是，心懷成見的人很難發現真相，不懂得溝通，永遠聽不見別人的聲音，尤其是逆耳的忠言。

「欲令如是，欲令不如是」的心態，把簡單的事情複雜化，再別有用心地把必須詳細說明的過程簡單結論化，例如婚姻平權及通姦、毒品除罪化。同婚、反同的主張不可怕，可怕的是霸凌異議者，而且高舉道德大纛。事實上，通姦、毒品「除罪化」豈是一言兩語可以蔽之?!

學佛是最高的享受，正因為不會有「欲令如是」或「欲令不如是」的霸凌性格。

# 宿命論與因緣觀

過去「決定」現在，現在「決定」未來，就是宿命論。過去「影響」現在，現在「影響」未來，歷史雖然是無法改變，但透過現在的努力，過去發生的一切，現在會被重新定義，而把握現在客觀環境所提供的契機，未來也會變得不一樣，這就是因緣觀。

宿命論所衍生的「業障」觀念，對於人們的身口意行為，固有警惕規範的功能，也能讓生活陷入困境的人們獲得短暫的釋懷，但也消磨折損了積極進取的鬥志，還提供了神棍貪緣為虐的空間。

過去固能影響現在，但也會被重新詮釋。所以所謂的「當下」，除了過去的影響，最主要的還是個人身口意的行為表現，以及客觀環境的掌握。

把握當下，必須正確的認知「世間」的緣起，否則不知當下為何物，如何運作？錯把因緣當宿命，就會流於消極、被動、認命，這可能是為什麼今天大家都肯定佛教的教化功能，也認為佛法很殊勝，卻不太受用的主要原因。

# 因緣和合

文字是標記、是媒介，形成概念後，可以解釋事實，但不等同事實，有其侷限性。

經驗主義者以為凡所經驗者必定是真相；實證主義則認為，經驗固然是真，但經過詮釋的經驗則不一定。經驗中的認識、或造成認識的經驗不是「存在」，而是緣的呈現，是隨機的狀態，是影響中的「在」，在影響中，沒有固定的位置。

我們的大腦思考，習於解釋現實，而不是接受現實。理性的思考，固然能讓我們不流於盲信，但過度解讀的結果，有時也會讓我們陷入死胡同，不管是宇宙或人生，人們追求「第一因」就是一個明顯的例子。

如果問題本身就不是問題，怎麼可能會有答案。是雞生蛋，還是蛋生雞？找得到答案嗎？因為那根本不是問題，也不應該是個問題；而且探討它，對我們現實的生活有什麼實質的意義?!

修行的人常常琅琅上口，一切都是「因緣和合」，其實少有人質疑它的涵義；甚者，認為它是想當然爾的真理，然而它究竟是什麼意思呢？如果是指因緣的積聚或組合，那就是「共生」的觀念，這與佛陀所發現的世間現實是有落差的，因為現實是不自生、不他生，也非共生，而是一切都是在影響中呈現的「緣生」即因緣所現起。

有了現實是「緣生」的正見，就不會苦尋「第一因」；也明白緣生的世間，所以一切變動無常，無常就會有苦，故沒有有一個恆常不變的主體存在，才不會消極地直接認為無常、苦、無我就是人生現實。

# 意外

凡人常言「意外」，到底是現實在想像之外？還是想像在現實之外？人們常在經驗中，用「想像」來解決現實的問題，結論當然不問可知。

大部分人都知道不要活在過去，且自許要在經驗中的世界把握當下，但常常事與願違。最主要的原因是我們活在想像中的世界，卻自以為是在實況中生活，而以想像處理實況中的實際問題。

「回憶中的世界」必然會影響「經驗中的世界」，沒有這樣的認知，就會罔顧現實，去堅持期待「想像目標」的達成，當然一定會有落差，不符期待就會有失落感，不斷地期待，情緒就會不斷地沮喪而常常受傷害。

把握現在勝過不當的期待，人生方向精準定位，達成目標隨順因緣，非要怎麼樣不可，就想「管」，管多了就會有事端，而煩惱叢生常有「意外」！

# 必然

生命的啟動，就是衰老的開始，有生必有死，這是一定會發生的事實。貪生怕死固然是人之本性，但過度堅持期待「長生」或「不老」就違反現實。而生死之間也一定有老病的問題，為此苦惱，實在是沒有必要。

生死是世間最敏感的事實，悲喜兩極，生了就一定要承受死之大悲，只是時間早晚而已，這就是因緣。你只能影響它發生，卻不能決定它存在。

既是因緣生起，一切都是在影響中呈現，那就沒有所謂你造成、我造成，你所有或我所有的分野，一切都無法固定，也不是己有，更沒有永恆那一回事。

既然如此，得之我幸，不得我命。得失之間，過份堅持，只有徒增煩惱而已。

# 想像的真理

您是為了追求想像中的真理，還是要解決實際發生的問題？真理是什麼？人們泰半以經驗所得的認知，臆測推度所有的一切，不假思索地率斷「所有」、「一切」、「都」這樣，「都」那樣。

曾被挑戰過的人都知道應該儘量避免用「所有」、「一切」、「都」的字眼來表達想要說明的概念，因為我們從沒有離開過地球，如何管窺而確知地球以外的世界?!

空泛的口號，就像坊間的廣告詞一樣，不是浮誇不實，就是不切實際。例如「人生是苦的」、「生命是無常的」、「一切都是空的」云云，不但幫不了人們解脫困境，還可能讓人陷入消極悲觀。

不要為了看遠方的彩霞，而踩壞腳邊的玫瑰。佛陀是覺者，不是宗教家，也不是哲學家，更不是臆測推度的理論家，教說可證能行。由洞觀身心活動的歷程，發現我們的行為是因緣所生，從而體證緣生者無常、苦、無我，非我、非他或共同所造成，自怨自艾或怪罪遷怒他人，其實都沒有必要。

平懷看待眼前所發生的一切，獨力絕對決定不了全盤，接受這個不可避免的現實，才能奢談其他。

# 業障

事實上多數人所經驗的苦，是生活中的苦，因為前輩子已經忘了，下輩子也還沒有來，所以苦不是業障，而是實際經驗世界的產物。

現實的人生所經歷的一切怎麼發生？有人說業障帶來的，其實是因緣所致！也就是在眼前這個身心的運作過程中發生，若搞不清楚狀況的就會有「愚癡」；因為弄不清楚情況，而產生不切實際的需求，就叫「貪愛」；然不切實際的需求，自然也不會實現，從而產生瞋怨也是必然的。

不明就裡的人，不細究原因，徒嘆為什麼想要的要不到？而不想要的又會來？想要的實際不會有，不想要的又偏偏一定有！人生好像都是在跟現實唱反調，所以苦不堪言。

「萬般帶不走，只有業隨身。」那是宗教在勸人行善止惡的廣告，解決不了我們現實生活中的苦。過去世已經忘了，未來世還沒有經驗，硬要跟現實中發生的苦聯結，很勉強，也無實益。所以一句「業障深重」，當做口號喊喊，無傷大雅，拿來解決生活中的苦，就會捉襟見肘了。

苦的根源是出在「迷惑」，看不清楚當前身心進行的實況，均是因緣所生，不歸屬於任何人，也不是任何人所能決定，更非恆久不變。所以貪愛一

# 墨菲定律

我們常會有這樣的感覺，想要的要不到，不想要的卻一定會來。我們想要或排斥的，其實這個世界上是沒有的，因為不管好的、壞的，經驗永遠都不可能重現。

但我們偏偏只喜歡重現美好的經驗，而且要分毫不差，當然這是不切實際的期待，一定會有失落感。而壞的，卻一點也不能忍受，不管它多壞，或發生的頻率，只要它來，就認為自己是全世界最倒楣的人了。

其實是我們錯看了這個世界，而不是世界故意跟我們作對，在現實的生活裡，最好的方式就是兵來將擋，水來土掩，多餘的情緒就會模糊了焦點，反而讓問題看起來困難重重。

# 錯愛

我愛你！我愛的真的是「你」嗎？其實不是，我愛的是「愛你的感覺」，所以如果我已經不再愛你，不一定是你變了，更可能是「愛你的感覺」不在了。

當我們不再被愛，不要問原因，不會有答案的。因為問題的關鍵不在你身上，當你洞悉這樣的真相，你就不會受到第二次的傷害。

討厭你不一定要有理由，所以被排斥的時候，不要自怨自艾，因為討厭你的人討厭的標的並不是「你」，而是討厭「看到你的感覺」，當你洞見這樣的真相之後，你就不會庸人自擾了。

事實上，我們的情緒反應，泰半都是以「誤以為是愛別人，其實真正愛自己」這樣的模式展開，非關他人，錯愛對象的結局，不問可知，所以修行不一定是宗教上的理由，而是為了看清現實，才能對症下藥。

# 明知故犯

有沒有這樣的經驗？我們習慣把心放在讓自己不愉快的事上，即使知道這樣做會使自己受苦，仍然明知故犯。

其實我們也知道知足常樂，但能夠身體力行的又有多少人？不了解內心的運作及沒有從經驗中學習到教訓是很大的因素。

事物會如實呈現，知足者就會放下總是期待榮景與人事變動的重擔。執迷不悟者就不願意接受，給自己帶來痛苦、煩惱。

所有的事情都是以應該發生的方式發生，各有因緣，不會受制於你或你的意願。如願以償時也不能耽戀，因為會老是希望它重現，否則又是另外一個煩惱的開始。碰到不如意的時候，更要把它當成學習的好機會，不要逃避，也不要期望它有所改變，因為這樣必定會使自己痛苦，何況它也不會永遠都是這樣。

如實面對生命中所遇到的逆境或順境，一切事物本來如此，在這個世間，無論何時？在何處？沒有任何環境，沒有任何東西可以使我們永遠滿足。更何況，那些東西提供給我們的，也只是感官接觸而已，能不能生起滿足感的，正是我們的心！

# 見法

「見法」不是在平常感官經驗以外，重新觀察另一個特殊的境界，而是自平常的感官經驗當中，重新發現而顛覆原來的認識。就像以前人類深信太陽繞著地球轉，透過科技發展，以先進的科學儀器，擴大了視野以後，才發現是地球繞著太陽轉。

一件具體的食安案件的判決，是經檢察官偵查後，認定事證明確而起訴，而法官審理後，卻認定罪證不足，而為無罪之諭知。同一犯罪事實，檢審雙方所依據的，都是刑事訴訟法白紙黑字的條文，為什麼會兩歧？

其實徒以兩岐的結果，尚難遽論孰是孰非，檢察官、法官、法律學者雖然都是法律專家，但對同一事實的認定及如何適用法律，都會囿於個人經驗背景而有不同的面向或結果，再加上徒有感情的民粹催化，就會讓單純的司法案件變得很複雜，事實上，專業固然是基礎，但尊重專業的理性發展更是關鍵。

其實大家所面對的既然是相同的事證，所依據的也是同樣的法律，看法為什麼南轅北轍？原因在於「認知」，認知的基礎不同，見解互異，再加上人性都偏愛己見獨到而堅持不移，彼此就沒有轉圜的餘地了。

如果能夠理解，認知也只是相互影響的經驗流程，並不是己有也非恆定，既無「己見」，何來固執？一般人誤以為有一個主體，可以擁有自己的真知灼見，並據以論斷，且榮享該成果，其實歸根究柢也只能參與而已，無法擁有，貪戀也好，瞋怨也罷，都沒有對象。

見法後，你就會知道，一切都是心境，愛也愛不到，恨也恨不著，所有人事物都是在影響中變動不居的，自己的意見，別人不一定非聽不可。其實我們所愛戀或厭惡的對象，都是自己的感覺，而不是外面的紅塵。青山依舊在，幾度夕陽紅，同樣窗前月，才有梅花便不同。足徵愛恨情仇都是我們自己的心境在作祟！

# 業障與無明

所謂業障，就是因「業」產生了障礙，那業因從何而來？宗教家認為是往昔所造，尤其是前世所作，而且必然受報，這是應報主義，也是宿命論，不是積極正面的人生觀。

甚者，「無明」被認為是人類共同的業障，甚至像宇宙大爆炸一樣，是生命的緣起，生死輪迴的第一因?!其實所謂的「無明」，並不是完全懵懂無知，只是我們在當下還沒有覺悟而已。所謂「不知道」，只是知所未到而已，並不是被另外一個「不知道」蓋住了。透過修行，增廣視野，就可以洞見實相，而從「無明」轉「明」了，一點都不神秘，也不困難。

「業」（Karma）乃印度耆那教為因應婆羅門神教，階級不平等的信仰之下，針對被神棄於門外的子民，而創設的「神我」（Atman）。認為信徒命運非由神獨斷，而是用「善有善報、惡有惡報」的規範機制，就是以「業」來規範，甚或藉以恫嚇信眾。所以並不是一個很高明的設計，佛陀雖然囿於印度當時既有宗教習用之名相而沿用，但內涵卻全然不同。

耆那教的「業」是宿命論，就是很多佛教徒琅琅上口的「欲知前世因，今生受者是；欲知來世果，今生作者是。」若然，我們再怎麼努力，都是由過去決定，這樣的認識顯然與現實有間，無法讓人信服，也不是一個好的規範設計。事實上，佛陀的教導是緣生法，過去只能影響而不是決定現在！

「無明」就是不知道、不清楚、不明瞭而已，弄明白就好，為什麼會是報應？而且明或不明是針對具體事實而言，沒有碰上，有何障礙？所以「無明」不會是在過去，也不在未來，而是在處理當下現象時，因不清楚實際狀況而產生的錯解，扯上業障，實在沒有必要也無實益。

業障實在不是好的東西，或有短暫讓人麻痺的功能，但充其量也是阿Q式地自我解嘲，對於煩惱的解決，一點辦法都沒有，就算有，也不徹底。

更有人自認業障深重，不但沒有根據，如果真有其事，為什麼還可以投胎為人?!我們常因信仰，而看不見一些基本常識或簡單的邏輯思考就能理解的事情。如果煩惱都是別人給的，那我們一輩子都甭想解脫！

# 謗佛

信仰佛教或學佛的人，最怕被冠上「謗佛」之名，因為謗佛或謗法被恫嚇「一定會下地獄！」

佛教的發展，大別有堅持佛陀原始的教法以及為配合市場需要而不斷美化創造之理想佛法。不管人或事，為生存需要而改善創新，本無可厚非，但若把鼓勵挑戰權威及親身體證，應自依、法依，不輕信人師的佛陀教法真諦，變成誡命式的迷信，進而以「謗佛」來恫嚇，自己就是謗佛者。

如果有人生下來，就能一手指天、一手指地，口誦「天上天下無如佛，十方世界亦無比，世間所有我盡見，一切無有如佛者。」您相信嗎？事實上，如果只是為了美化而創造偶像，本無可厚非。但我們必須深切了解，偶像的存在只是媒介，後面那個力量，才是偶像存在的價值。若不究明真相，逕認佛陀就是那個佛而加以崇拜，那就麻煩了。

事實上，佛陀也勉勵我們要珍惜把握難得的人身，佛在心中不遠求，不要身外求法，棄佛陀最重視的人身不修，想要解脫滅苦，形同緣木求魚，與道漸行漸遠了。

# 人身難得

人身有什麼難得？阿含經裡有一則海龜喻云：「人身難得，猶如盲龜值浮木孔，其事甚難。」從佛陀以茫茫大海中，盲龜頭套入浮木孔洞為例，來形容其發生的機率，可見一斑。

但部分佛門弟子卻認人身是臭皮囊，甚至部分修行法門刻意醜化色身，想像體液污穢不堪，藉以厭離現世。事實上，人身有六個門戶（六根），即眼、耳、鼻、舌、身、意，搭配六個在外的塵境即色、聲、香、味、觸、法，共有六組，都會產生「識」。簡言之，眼睛看到東西，耳朵聽到聲音等，都會有反應，分別是「眼識」、「耳識」等，待根、塵、識三事和合後，就會出現了六組影響我們身心行為因素。

要滅苦就必須先找出苦及苦因，就像通水管一樣，要先找出堵塞原因。苦是煩惱造成的，而煩惱的生成緣於上開六組因素的影響。以吃冰淇淋為例，冰淇淋好吃是緣自於舌頭嚐觸後的感覺，想要重現的是感覺而非冰淇淋，但我們卻誤以為愛上的是冰淇淋，錯愛的結果形成貪戀，但又因對象不存在而不可得，這就是苦因。

脫離人身絕對找不到苦，遑論苦因！有這樣的認知，才有可能修行，否則都是空談。人因自謙甚或自卑而信靠他人（神），當然也可能獲得幸福及快樂，但要究竟處理煩惱，非靠己力不可。

# 顯正破邪

我們不能指著任何「現實」的東西，直接說它是「無常」。雖然它變動不居，但它確確實實出現過，所以只能說它是因緣所生，因為現實的一切都是因緣所生！

「無常」、「無我」指的不是現實，而是觀念上的革命。要破除有恆常不變的事物存在的「常見」及對過去認為有一個不變的主體的「妄見」，惟破妄不足以顯正，錯誤知見的捨棄並不等同現實，就像手中拿著聖經，說它不是佛經，但不代表不是佛經的，就是聖經。

若逕把「無常」、「無我」當作現實，那要如何正觀「無常」、「無我」？是否只能等到天災人禍時，才空言徒嘆無常？若欲從現實理解無我，更難想像，如果像這樣不明究裡地盲修瞎練，很難有所成就。

現實是在因緣中顯現，所以是緣生的，欲了知現實是緣生的真相，就要觀因緣，當我們正觀因緣後，才能確知常見、我見都是妄見而加以摒棄斷除，否則都只是概念上的推演而已，知道是知道但無從實踐，實在無助於修行，也這就是「顯正才能破邪」的道理。

# 慈悲的種子

佛陀的一切努力，目的是在根除痛苦，壓根兒沒有想到要創立一個宗教！佛陀以開放的心靈來探索，透過勤奮不懈的沈思，追本溯源後發現，導致痛苦的根源是情緒。而一切情緒，不論直接或間接的，都起源於自私，與執著自我有關。

透過佛陀的教導，情緒雖然看似真實，卻不是人本具存在的一部分；它不是與生俱來，也不是他人或神所強加在我們身上的業報。當某些特定的因緣聚合時，情緒就會生起。例如突然遭到某人批評、漠視或權益被剝奪，情緒就會相應，有時甚至會感到來得莫名其妙。

如果我們也能夠像佛陀一樣，潛心檢視情緒，找出它的根源，情緒根植於誤解，所有的情緒都是一種偏見，因為它們都存有分別心的成分，要想根除痛苦，就必須培養覺知，留心情緒並學習如何避免它被鼓動起來。

手握火把快速旋轉，乍看就會像個火圈，不明究裡的小孩，因為視覺的錯覺，不會區分手跟火把上的火，就會興奮不已；大部分的成年人雖不會昧於這個單純假象而被鼓動情緒，但對同樣的道理，卻確信身體是真正存在的，而不會去區分身體也是分子、基因、血管及血液所聚合，因過度關心迷戀自己身體的外觀和舒適而與上開情緒被鼓動的小孩一樣，只是五十步笑百步而已！

如果我們能洞見上情，我們對自己身體外觀和健康狀態有著種種情緒，就形同被火圈所吸引、激動甚或驚嚇的小孩一般，就可以同理而不會苛責想法與自己不同的小孩或他人，這就是慈悲的種子，真正了解一切現象的虛幻的本質後，就有根除痛苦的機會。

# 智慧與真愛

平常我們喜歡的、愛的，大多數是有後遺症的，因為會有渴求。好吃的，一定吃到膩，愛的也要玩到厭倦才罷休。同樣的道理，這樣的喜愛也終將變成憎恨和悲傷，這些世俗之樂，總是樂盡苦來，蘊藏著執著，永遠都像警察跟在小偷後面一樣。

雖然如此，我們仍無法禁止有這種感覺甚至傾向，壓抑它也不是好方法，但不應該執著或認同它們，而且要努力的了解它們的本質。

愛得越深，生離死別的時候，就會越痛，但這並不代表你不要去愛，而是洞見生離死別是生命必經的歷程，可以愛但不要貪，可以有願但不必渴求。當我們不再貪愛或渴望時，超越慾望的智慧和真愛就會充滿人間。

# 不會有什麼不同

佛教有一個「求不死之火」的故事，略述：有一位婦人，無法面對獨子突染惡疾離開人世的事實，頓失所依，求助佛陀能讓獨子死而復生。佛陀乃囑到城中沿家挨戶尋找，從來沒有死過人的人家求火過來，結果問遍了全村，沒有一家符合資格，佛陀見機開示緣起法則及緣生現象：「凡人有生必有死，任誰也不能避免生、老、病、死、苦，並不是只有婦人摯愛的獨子才經歷這椎心刺骨的變動過程。所以，又何必執迷不悟，一心尋死呢？能活著，就要珍惜可貴的生命，運用這個人身來修行，體悟緣生無常的真理，從苦中解脫。」

世界的一切萬事萬物，都是遵循著緣起法則及緣生無常的道理在運行；春有百花秋有月，夏有涼風冬有雪。若無閒事掛心頭，便是人間好時節。春天，百花盛開，樹木抽芽，到了秋天，樹葉飄落，乃至草木枯萎；這就是當然、必然會發生的現象。人也是一樣的，如果人真的可以長生不老，那生有什麼可珍惜？如果青春可以永駐，青春的可貴又在哪裡？

人總認為自己跟別人不一樣，遭逢巨變後，終究會知道其實不會有什麼不同，面對生離死別之苦，在多少暗夜，孤獨飲泣，呼天搶地，終究抵不過現實，才知道其實沒有例外，絕對地平等！與其含著淚水、無聲地吶喊，備受不必要的折磨，還不如勉力撐過，面對現實。

生命既定的流程，為什麼還會有被突襲的感覺，因為我們不明瞭所有一切人事物都是因緣所生，沒有人可以自外於這個因緣法則，而一廂情願地認為自己跟別人不一樣，看清真相，才有解脫的可能。

# 不信，也是一種信仰！

不管你對自己的宗教，或者對自己不信仰任何宗教，感到自豪，信仰在你的生活中都扮演了一個重要的角色，甚至什麼都不想信，也是一種信仰。

要信仰一個宗教，先看看他的祖師，找不到，就觀察祂的信徒，當信徒對教義大放厥辭時，不妨比對比對其行徑，也就是察其言、觀其行，如果連世俗的利益都錙銖必較，自己的煩惱都沒辦法解決，那他信仰的宗教就沒有說服力。

很多信徒都是在扯自己宗教後腿的，因為信徒本身的良莠，帳都會算在宗教上。有些人很會推銷，但聽他說理，越聽煩惱越多。要幫助別人，有時候固然需要語言，但更重要的是要透過身體力行。

曾看過一部探討宗教與哲學本質的電影，在議會會議中，與哲學家爭論的教徒，質問：「為甚麼這議會會讓一個公認沒有任何信仰的人發言？」而哲學家的回應是：「我相信哲學。」並說：「你不會也不可以懷疑你所相信的東西。但對我而言，這卻是必須的。」

這句話，恰恰反映了哲學與宗教之間的不同。哲學首重的，是懷疑；但宗教最看重的，卻是信仰。

哲學是以分析思考探究和反省有關生活、知識以及價值等根本問題的學科。例如，「凡事是否都有客觀標準？」、「人生的目的？」等等。。固然哲學並不像工程等應用學科有比較明顯而實在的成果，但這並不表示哲學與實際生活無關。

懷疑並不表示什麼都不相信，而是求真相的基本要求，我們不應相信沒有足夠理由和證據的東西，經過驗證後，帶來的，一定是更穩固、更可靠的信念。

# 養生之道

養生不只是養身而已！有些人窮一生之力養生，養到最後仍百病叢生，不是百思不得其解，就是怨天尤人。

養生除了養身外，還要養心，更要長養周遭與我們同根、同體的萬事萬物。因為我們無時不刻都在「想」！「想」字由相與心合成，想通常有相，只是有時經我們自己詮釋出來的相，是虛幻不實的，而且我們常誤解，相在我們感知的主體之外。事實上，我們所看到的山、花或白雲等對象而有感知，感知的對象是山、是花、也是自己，因為主體若無對象，不可能單獨存在。

莊子對於變動不居的外在環境，採取輕鬆面對，游刃有餘的生活態度。心事起落浮沉，就算有再好的準備，也有人算不如天算時，既然不能掌握，不如隨遇而安。

環視一下您所珍藏的寶貝，多久沒有碰它了，原本愛不釋手的東西，除了偶爾興起時，拿出來展示炫耀以外，大部分時間形同棄置。

把高價買來的咖啡杯、紫砂壺束之高閣，甚至吝於供人觀賞分享，如果落到不識貨的子孫，下場可想而知。等到生命走到盡頭，才慨嘆那些準備在什麼紀念日才要享用的珍品，恐怕無福消受了，這時才知道「死不瞑目」的感受。

很喜歡路邊小廟的那一副對聯，「德者不得，因而未失；施者不失，然而必得。」

# 對號入座

再美味的食物，滯留在胃腸，就是負擔。再難堪的事，不要咬著不放，堅持於己有關，它們就會消失。

稱讖或毀譽，若不坦然面對，心情就會大起大落，備受折磨。華麗的詞藻、惡毒的語彙，如果沒有對號入座，就像周邊的天然元素一樣，沒人綁住它，就空無一物。

沒有了解並放下自我意識，即便深研經論，徒增「我見」，藉以傲人而已。

「我見」就是「欲令如是或不欲令如是」，汲汲營營於成就自己，想要並積極於趨吉避害、離苦得樂，因而不想體驗苦和困難，其實自我意識之我執與痛苦是如影隨身，一體兩面！

# 囚牢

一般人只看得見並畏懼高牆蛇籠所圍起來的有形監獄，但有智慧的人更怕心靈遭禁錮的精神囚牢。

所有的宗教最終的目標，不外是得救、解脫，也都在教導如何得救的方法，瞭解精神的囚牢的成因及本質，會幫助我們更了解生命及提供解決生命痛苦的良方。

身體被有形的囚牢監禁，心靈被無形囚牢繫縛，都會產生「苦」，而禁錮心靈的就是「執著」，其實一般人雖常相互規勸「不要執著，就不會有苦了！」但鮮少解脫者，緣於對執著的一知半解。

佛教唯一的核心就是要根除執著，而執著譯自巴利原文，蘊有依戀附著（attachment）、黏著的（clinging）及緊握的（grasping）之意涵。

執著本身就會造成囚牢的狀態，因為有執著，就會有束縛，不管是正面的或負面的，都會捆綁人，只要執著事物是「我」或「我所有」，便會產生繫縛，如同身陷囚獄一般，不同的是，人們卻往往欣然赴會而甘願被鎖在裡面。

一旦對自己生起執著，「我」、「我所有」便應運而生，輪迴就開始了，為人父母的，想要子女這樣、那樣，因順逆己意而牽動情緒，反而不能給予子女最好的教養，衍生社會問題。

所有的囚牢都歸結在自我意識，沒有辦法單靠經典、教義或任何外在的技巧加以斷除，必須精進修行，才能拔除我執而自囚牢中釋放。

# 如如不動

修行並沒有想像中的那麼困難，之所以覺得深奧，是因為沒有接觸到善知識，或部分佛教經典及上師傳達，成佛至少要三大阿僧祇劫，就是三個數不清的大劫，最少三十億年，而證果也要行善、布施、持戒及修定、修慧，才能成為「如如不動」的人。

事實上，佛法的核心，就是斷除執著而已，因為執著就會生起「我」，而「自我」生起，心就不能自主而隨討厭或喜歡的欲望去做。

平常養成「看只是看」「聽只是聽」的習慣，只要認清對象，依自然法則而行，知道應該如何處理就好，別讓喜歡和討厭的念頭趁虛而入，就能得到想要的結果，即便沒有也不會有煩惱。

當接觸外境時，都不會產生「自我」，能保持平常心，而不被境轉，其實就已經是一個「如如不動」的人了。

# 我

我們一直誤以為「我」是單一、恆久，不變的主體，其實每一天都會產生無數次的「我」，而且太過於密接，除非透過細觀，實在很難分辨彼此。

一般人以為先有「我」以後才有諸多的行為，這也是錯解，其實是有了諸多行為之後，我們才把它定性為「我」。

行為是我們軀體的六個器官（眼、耳、鼻、舌、身、意等六根），每一根都會有五個面向，以眼根為例，第一是眼根本身；第二是目視所及的色塵；第三是知道眼色相接的識；第四是上開根、塵、識三者和合而生的觸；第五是由接觸而生起的感受。其餘耳根等也是如此。

因為我們能看到、能感覺，就會執取透過眼根而見、而知的「識」，遽認為「我」；同樣的我們也執著眼識為我、眼觸為我、苦樂受為我；同理，當優美的旋律飄進耳根，美味送到舌根，都會執著這樣的感覺為我。

所以僅僅一天，軀體的六個關口，就可能帶來三十個或以上的「我」，真的都是一樣的主體嗎？我們卻誤認為它們都是同一，這顯然與事實完全不合，因為認知常常有落差，就會煩惱，痛苦於是產生。

# 緣木求魚

這個世間只為身體提供必要的東西，空氣、陽光、水及其他賴以生存食物，無法帶給我們內心幸福快樂，否則為什麼有錢有勢的人還不滿足，甚至因絕望而自殺呢？

大部分的人生活在自己創造的世界中，他們希望世界如同想像地一般，然而現實生活跟想像中的世界並不相同，不安於現實，怎麼可能會滿足？

我們終將了解，內心的滿足不可能依靠外境，真正的幸福來自內心，但大部分的人都要一再失望之後，才會改弦更張來追求幸福。

許多人只是想為生活添加樂趣，才來禪修，所以不一定能體驗到這個真理；但至少好過不禪修，因為不禪修，絕對無法看清生命的真相，就算知道也只是知識而已，知識不落實在行為上，無法帶來改變。

經歷一件事，並不表示必然了解它。日常生活中，我們用很少的知識就可以過活，不一定要高深的智慧；不過，表面的原因只能解釋表面的經驗，我們花了很多的時間去追求外在的事物，甚至責備他人，來處理內心的不安，希望得到平靜，那是緣木求魚，因為苦是自己造成的，遷怒只會損人不利己。

千萬不要以為，修行是在厭棄這個世間，只是不再執著外在的事物而已，是真正地樂活！

# 不一樣的生活方式

我們一直認為生活就是這樣，對於時間的認知，有過去、現在，還有未來。

當我們回憶過去、瞻望未來時，又不自覺地把「自我」分成三部分：「過去的我」、「現在的我」以及「未來的我」。而我們唯一能體驗就是當下這一刻，其他的不是記憶就是希望。

當我們回憶過去，過去的我就變成現在的我；而期待未來，就會把未來的我帶回當下，變成現在的我。然而經驗告訴我們，生活不可能完美，活著就有體驗，通常是苦樂參半。焦慮地期待未來或充滿懊惱地回憶過去，會帶走大部分的快樂。

每當我們把自我分成三個部分，便沒有空間讓快樂生起，既然大家都是這樣地過生活，所以我們也不以為忤，直到接觸佛法，才知道有不同的生活方式，透過正念和禪修，可以覺知當下的身心狀態，儘管是片刻，我們都能體會活在當下的滋味，過去的已過，未來的尚未到來，只有當下可以掌握。

# 借人之智，完善自己

承受委屈是一種胸懷，接受誤會的心態更是灑脫。

修行路上，遇上惡言相向、無的放矢、心存成見，雖有秀才遇到兵，有理說不清之憾，若能善導，卻是發現自己是否也存有同樣毛病的契機。

既然不可理喻，又何須以理喻之?!明知被指摘的不是事實，智者不對號入座，故能承受；誤會奠基於諸多主客觀因素，終有河清之日，耿耿於懷也於事無補，傷神徒勞而已。

# 真正的主人



你認為世界是你的、身體是你的嗎？不，是世界的世界、身體的身體！

我們常慨嘆「身不由己」，如果身體是你的，為什麼它不聽你的話？我們都希望百病不侵，青春永駐，有人做到了嗎？其實我們只是個使用者而已，對於自以為擁有的身體。

凡人也很常用「我的世界」來描述一己的心情，甚至發大願要改變世界。其實天無私覆、地無私載，世界平等對待每一個過客。

一時的情緒、一天的心情、一生的性格，從存在的久暫，可以大別情緒、心情及性格的本質。煩惱緣於情緒，時間持續就會變成心情，習以為常就會形塑一輩子的性格。

煮了一陣子的蛋，就擋不了它的熟成，要盛怒的人息怒是苛求，情緒起於念頭，加入我見就會有延續作用，執著就會不斷加溫，因緣形成後，回頭太難。

「我見」是禍首，是始作俑者！

# 正見

幾經磨折，慢慢地知道，我們所追求的並不是快樂的生活，而是內心的平靜。

藉著觀察一切事物的因緣，發現所有的快樂到最後都會厭倦，沒有你永遠喜歡的東西，即便有，也會壞，壞了就會產生煩惱，知道氣球本來就容易破的孩子，比較不會因為氣球破了而苦惱。

最近常有子弒親或經濟困窘的父母帶著子女燒炭自殺的社會不幸事件發生，令人遺憾，大都認為這社會病了，最大原因是他們缺乏愛的正見。

黃乙玲有一首台語歌曲曲名「愛你無條件」，雖然唱起來盪氣迴腸，感人肺腑，但現實的「愛」常係緣於我執，一定有條件，而且是一廂情願地片面設定，有時非但不會替被愛的人帶來幸福，還可能讓被愛的人身首異處。

快樂固然是永遠不會滿足的，同理，憂鬱也不會長久持續，不站在射程範圍，就不會被擊中；查無此址，信就會自動退回。

優雅的走過世間，不執取每件事的好壞成敗，內心的平靜遠逾於任何人生的享受。

# 正見與邪見

一般人都會把正見與邪見解讀成正確的見解與錯誤的見解，這是相對性的說法。其實，見解不管是正確的或錯誤的，如果無助於修行，從究竟實相的角度來看，都是邪見！因為它不但是無所助益，還會困住修行的腳步。

例如修行必須吃素，不吃素不可能解脫的看法，就是一種見解。主張吃素的人認為這是正見，反對的人認為這是邪見。關鍵在於，吃素是不是解脫之核心？沒有嚐過蘋果的人，無論你如何描述，都只是一種「觀點」，不但無助於他人直接體驗品嚐，說得越詳盡，反而越容易混淆。

剛開始修行的時候談不上體驗，對佛法只能囫圇吞棗，若有見解，也是一團模模糊糊的概念，例如你去過甚至常繞蘭潭運動，向未到過蘭潭的人介紹，充其量也只是個概念，而非真正的蘭潭。

見解無罪，但還是屬於概念上的知識，必須將它付諸修行，透過不斷地聞、思、修過程中，見解也會基於切身經驗驗證，而變得越來越有智慧。

所以正見不是一種意識形態或思想體系，也不是一種道路，而是如上開論陳而透視生命實相的一種洞見。

# 心到底在哪裡？

是記憶？是念頭？是思想？其實是過往的經驗存在腦內的記憶體後，遇緣釋放出來的，就是念頭，愈刻（在）意的過去，重覆出現的頻率就愈高。

有一句俚語「來無張遲，去無相辭。」很貼近念頭的面貌，它是不請自來的，有時候也不容易請走，所以才會有「千頭萬緒」、「心有千千結」這樣的困擾。

既然是不請自來的客人，只要我們謹守主客之道，就不會自尋煩惱，即念頭浮現後，不再細想，大部分會隨風飄逝，難纏一點的，會產生感受，只有不據為己有，就不會有大礙。

麻煩的是，念頭出來後，深思細想，百轉千迴，讓它形成我見（執），甚至據以執行，憂愁、悲傷、苦惱就來了。

心，就在念頭出現後，查覺到它開始。

# 心路歷程

我們可以從四個角度來觀察心，就是感官接觸、感受、認知和反應，也一併觀察彼等之間的因果關係。

心路運行的速度超乎一般人的想像，大部分的人能察覺到的就是感官接觸和隨之生起的心理反應。例如「這個看起來不錯，我要它。」或「那個不好，我不喜歡。」事實上還有兩個階段通常被我們所忽略，一個是認知（想蘊），另一個是反應（行蘊）。

凡人把肉體視為禁臠，聖人捨色身作為公器。正確的修行就是轉凡成聖，而關鍵是在心路歷程。一旦觀察到有心理反應，若能馬上了知它是感官接觸所引起的，再細查所衍生的感受，以及心如何加以標明，例如骯髒、噁心、可口、無聊等。綜合感官接觸、感受、認知和反應後，去找出是誰在做這些事？

我們不在經典中發現真諦，而是在我們的內心找尋真理。如果你找得到是誰在做這些事，就必須繼續觀察每種狀況的因果關係，直到心知肚明，才有可能從中解脫出來。

# 找不到

找不到沒有關係，因為那是正常的。

在心的四個層面中，即感官接觸、感受、認知和反應，找不到是誰在感覺、感受、認知和反應，因為我們可以觀察它們是如何發生的，是自然而然的，不一定有「人」在做這些事。

你可以說是你在做決定的，是你決定要這樣做的，那一定要努力找看看，找得到「你」才可以這樣說，最終你只會找到決心而已，而那只是一種心理現象。

我們會有一些特殊的癖好，就是長期喜歡與厭惡的事物，無關是非，只有希望它是這樣、不是這樣，一定要符合自己的意願才會滿足，問題是世間事不如意者十之八九，長期處在不滿足的氛圍之中，不痛苦也難。

想要超越嗎？那就必須要有專注力和意願，才能了解生命最深層的究竟實相。如果我們能夠細分四個階段，並有能力隨時煞停，尤其是在「認知」過程，對於外境我們是可以免疫的。

# 自依與我見

佛陀離開人世前，教導弟子阿難，修行之道：自依、法依、不異依。佛陀向我們宣說他所體驗到的、所證悟到的法，我們只要依教奉行，便可究竟解脫，這就是「法依」。

佛陀用自己的生命體證世間之苦，並找出苦因以及滅苦的方法，就是苦、集、滅、道四聖諦，所以是「自依」而證道。

很多人依「我見」尋求解脫，愈修愈傲慢。所謂「我見」就是執五蘊為我，或取五蘊中其中任何一蘊為我，經驗告訴我們沒有「自我」能使我們解脫。

「我見」是習性養成的，而煩惱也正是我們的習慣累積塑造出來的，所以用我見來對治煩惱，形同左手打右手，是不可能成就的。

徒法不能自行，佛陀親身體證的真理，我們也要用生命來驗證，光聽、光講，再多也無益。

# 生命與情緒

生命是真實的，情緒是被「鼓動」出來了的。

眼睛看到的，也是具體而微地存在，問題是，誰看到的呢？事情確實發生了，沒有真假討論的空間。情緒雖然看似真實，卻不是一個人本具存在的一部分，不是與生俱來的，也非某個人或神強加在我們身上的詛咒或植入，當某些因與緣聚合時，情緒就會自然生起。

如果要根除痛苦，必須培養覺知，留心情緒的緣起，並且學習如何避免被鼓動起來。所有情緒都是一種偏見，每一種情緒之中都存有分別心的成分，都是我見在作祟。

報載海濤法師開導求助女弟子說撞見配偶姦情時，當作「假的」！形同視而不見，不切實際；除非是已證道的聖人，否則，沒有人做得到。最好的方式，就是理性面對，不要再加上我見，執著配偶為我所有，就不會陷入痛苦的深淵。欲竟其功，平常就要以開放的心靈來探索痛苦，透過勤奮不懈的沉思，覺知導致痛苦的是人的情緒，無論如何，直接或間接的，一切情緒都緣於自私，它們都與執著於自我有關。

# 芸芸眾生

感官是用來維持我們的生命，而大多數人認為感官的存在是為了帶來快感，一旦無法得逞，便會生氣，遷怒他人，找個替死鬼消氣，是最廉價的方法。

同樣地，我們也常把快樂寄託在別人身上，不如預期時，就會怪罪不能為我們帶來快樂的人。

其實這個惹我們生氣及那個沒有努力讓我們快樂的人，都跟我們一樣，由地、水、火、風等四大組成的血肉之軀，有相同的感官、四肢，只是另一個人，僅此而已，別無其他的芸芸眾生。

沒有人能讓我們生氣或快樂，是「心」在生氣，是「心」才能決定快不快樂。事實上，不是感官接觸為我們帶來滿足感，而是「心」！

# 起心動念

起心、動念，其實指的是同一件事情。

一般人接觸佛法之前，對於「心」、「念」的概念，其實是很模糊的。把「念」拆開來就是「今心」，可以解釋成現在的心，更精確一點，就是當下的心，俗稱「念頭」。

念頭紛飛，是我們常有的經驗，若經佛法長期的薰習而具備「正念」，就可以覺知它生滅的速度，難以想像。經查覺的念頭就形成意識，沒有經過「想」之前，仍是個念頭而已，連念頭兩個字，也是為了方便而給的稱謂。

「想」拆開來就是「相心」，顧名思義就是心遇到了目標產生了變化，大概就是起心動念的意思。

我們常常叫人家轉念就好，如果能夠正確的理解上開心路歷程，確實可以解決很多問題。

# 三世因果

所謂「三世因果」的三世，並不侷限於過去世、現在世及未來世，最主要而且有積極意義的是一期生命歷程中的過去、現在及未來三個時段。

佛法講的因果，是因緣觀而非宿命論，所謂因緣觀就是「此有故彼有，此生故彼生；此無故彼無，此滅故彼滅。」而宿命論就是「欲知前世因，今生受者是；欲知來世果，今生作者是。」

「過去決定現在，現在決定未來。」就是宿命論；「過去影響現在，現在影響未來。」就是因緣觀。

我們能夠理解跟積極作為的，就是當世！過去世跟未來世，我們都無法確知，但我們不排除，因為過去世也會影響現在世，同理現在世也會影響未來世，不過只是「影響」而已，並不能「決定」！

我們常自勉「活在當下」，就是當下的行為，要參考並把已經發生的、不可能改變的歷史事實，要積極有益地解讀，善用周邊客觀有利的資源，且慮及此舉對於未來的影響。

# 第一個被害人

有時候你可憐砧板的處境，其實你如果不好好的修行，砧板還只是墊背而已，每當你想要傷害別人，第一個傷害到的人就是你自己，如果你學著仔細去觀察身體的感受，就會發現每當你產生負面的情緒，毫無疑問地，你就是第一個受害者！

因為你要傷害別人之前，一定要在內心產生染污不淨，所以不一定傷害得了別人，但你內心因為越來越多的憤怒、憎恨、嫉妒、自我的生起，這些感受就已經足夠讓你感到非常的痛苦難過。

修行前，我們習慣在某些情況下，產生特定的反應，如果不想變成第一個受害者，從現在開始，每天練習，就像一般的肢體運動一樣。

# 兩個好朋友

一個是呼吸，另一個就是身體的感受，這兩位益友，可以讓我們不斷地檢驗自己、不斷地修正自己。

每當內心有負面情緒時，呼吸頻率就會變得不一樣，或沈重或加速，已然失去均衡，那它就是在警告，你有問題了！

平常仔細觀察自己的感受，喜怒哀樂雖然樣樣不同，但有一個共同點，它們都會過去。不過，喜樂的時光特別容易消逝，而憤怒、悲傷的情緒卻特別難捱，一旦產生，就會察覺到全身上下有一股特別灼熱的感受，你就要察覺到，你已讓自己陷入苦痛之中。

想要傷害別人的心不一定得逞，卻一定有人受害，自己絕對逃不掉，而且是領銜主演。

好好善待兩位好朋友，不斷地利用它們檢驗、修正，改變自己的習性，共同度過美好的人生。

# 因緣與緣生

因緣是影響，緣生就是在影響中所呈現出來的一切。影響中呈現出來的一切也只是「影響」而不是「結果」！所以緣生，它只是個過程，只能參與、不能掌握；只是經歷、無法擁有；只有流程、沒有結果。

這個世間所有的一切法，包括人、事、物及其他現象，都是因緣所生的。它不會自己生，非他生，也不是共生，當然也非無因生起的。

找出「第一因」是人類很想但從未實現的夢想，是先有雞還是先有蛋，基於好奇心的驅使而積極尋求答案，本無可厚非，尤其是人類生命的起源！到底有沒有造物者？但如果中箭之後，不積極療癒，反欲窮追射箭者後，才願拔箭療治，就不夠聰明，這就是佛陀所謂的「無記」。

我們想要解決的是現世的煩惱，不管有沒有找出「第一因」或創造者，都要積極尋求解脫之道，現世所有的一切既然都是因緣所生，那你就必須接受且面對「只是參與、無法掌握」、「只能經歷、無法擁有」的現實，任何人都一樣，只是過客，沒有永恆那一回事。

# 解脫沒有名額限制

解脫是可能的，而且沒有名額限制。

佛陀教導的本質，是學習如實觀察事物，徹底而清楚。藉由觀察事物的本質，就可以讓我們有機會解脫。

包括自己在內，世間所有的一切都是因緣所生，因緣所生的特性就是，它只是一個關係影響的流程，沒有任何固有永恆不變的結果，也不是任何人或任何人所有。

影響中呈現出來的任何一切，也只是影響而已，而且必然不一，所以生命中的一切變動不居是常態，碰上了就沒有拒絕的餘地，能夠覺悟才有可能放下。

觀察自己，才有可能知道自己是誰，觀察別人不但效果有限，若再起心分別，當周遭都是自己的影子的時候，就會遠離解脫之道。

身邊的善知識越多，解脫的機會就愈多，何況又沒有名額限制，絕不藏私地與別人分享，而且自己要做得到。

# 變

變是常態，大家都知道一切都會變，但可以接受變得更好。但變得不如己意，就會產生瞋恚。

世間是因緣，所有的一切包括我們自己在內，都是因緣所生。它不自生，也非從他生，亦不是共生，也非無因生，所以一切的「變」既然都是因緣所生，也就是在影響中所呈現，那就不是我們自己所可以掌握的一切，也不能怪罪別人。在法律的專業術語，就是我們不需要負擔這樣的風險。

錯誤既然不是我們所造成的，就不需要自責；也不是緣於他人所致，故遷怒也沒有必要。一切的發生都是在影響中所呈現，變好不必眷戀，變差也不需埋怨，因為它們終將過去，喜歡也好，厭惡也罷！

面對現實，願賭服輸，生命沒有永遠的贏家！一切都是真的，赤裸裸的，躲不掉也掌握不住，不相信，你就試試看，生命是永遠的良師益友，它一定會讓你知道，不管你高不高興。

# 無常的正解

無常是一種看法，是一種觀點，但它並不等同現實。

凡人看到空難、海難或車禍，就慨嘆生命無常，其實他們所看到的是飛機掉下來、船沈了或車毀人亡的積極事實，並沒有用頭腦演繹出來的「無常」可看。因為既然是「無」，怎麼看得到?!所以一定要有積極的事實可供觀察、研析、整合，才有可能悟出「無常」的道理。

部派佛教也常以現實就是無常立論，所以修行就直接觀察「無常」，然而無常只是一種破邪的觀點，光破邪還不足以顯正，因為不是西瓜，並不能證明它就是冬瓜，所以海濤法師把真實發生的現象說是假的，才會鬧成笑話。如果逕認世間是無常，就會導出一切都是苦的結論，容易讓人產生消極遁世的心態。

佛陀是從自己的身心狀況及客觀的環境入手，觀察到的現實是因緣的，所有的一切都是緣生的，均是在影響中呈現，而呈現出來的也只是影響而已，並沒有任何的結果。所以不管任何人，不論多麼努力，不能決定任何事，只有影響大小不同而已，而且影響之後的狀況也只是影響，這才是無常的真諦。

現實就是因緣，並非抽象思考，亦非哲學，也不是宗教信仰，而是佛陀親身體證而得的真相。就是一切人事物的活動，都只是不斷、周而復始地影響過程而已，不會有任何固定不變的結果，沒有任何人能決定，也沒有任何人能擁有。

窺知現實的真相後，知道不管如意或不如意的事情都會過去，貪戀如意的事，希望它永遠留下，或討厭不如意的事，急著要撇開，不但徒勞無功，還會自找苦吃。

當我們知道只能影響，沒有任何固有的結果可得，就不會貪求或討厭那不可得的過程，而盡力而為地在過程中增善止惡，既不會仰賴神蹟，也不會期待光靠一些奇怪的論述就想成佛得道。

# 放下的真諦

我們常常自勉或規勸別人，遇到困境，過不了關卡的時候，要放下，但要放下什麼呢？

是現實的一切嗎？如果不是，那是什麼呢？如果我們不知道該放下什麼東西，我們卻一直勸人家或要自己放下，都只是徒託空言，短暫麻醉自己或別人而已，毫無實益。

放下的是脫離現實真相的迷惑、妄見、貪求，絕對不是放下現實的一切。

現實是因緣的，現實的一切都是在「影響中表現」出來的，所以無論如何，我們都不可能可以達到不起心動念，不與他人為伴，不受任何影響，而獨自顯現、自給自足、擁有主宰，且自絕於一切之外。

現實不是靠抽象思考，不是靠哲學，也不是靠宗教信仰，就可以解脫煩惱。現實世界的一切都不是單靠自己或他人或共同，也不是毫無原因地現起，所以不必自責，不必遷怒他人，怨天也沒有用。

用否定現實的觀點，來看待世界，一定會產生不當的厭離感，甚至認為享受人生是一種罪惡，要折磨自己的身體才有可能解脫，這樣的修行不但無助於解脫，只會自毀於現實人間。

正確的認識現實一切都是因緣所生，就知道絕對不可能會有永遠符合自己期待跟欲求的事情發生，所以貪求只會自找苦吃，但在因緣發展的過程當中努力，認真務實地生活，也會讓「困難更少，生活更好，逐漸遠離煩惱」的人生變為可能，既不貪求永遠安樂順遂的生活，也不退怯於困頓、逆境的人生，就是放下的真諦！

# 寵物

每一個人都有寵物，只是有沒有覺察到而已！

有些人溺愛寵物的態度，勝過至親，固然令人不敢恭維。其實大部分的人，一生過得忙忙碌碌，汲汲追求功利，就是在侍奉自己的肉體，對待自己的色身，形同奴隸。

我們會難過，正是將「色身」即身心狀況當作寵物，妄見是「我的」色身，患得患失，剛剛蒙受不公平待遇，因此「我的」心情鬱悶異常，這樣的經驗，在現實生活中常常發生，這就是病灶，只有對症下藥，才有可能解脫。

你可以一直認為寵物是你的而愛護有加，或許不會有什麼大患，但這種妄見延伸到色身，問題就大了。最理想的色身，就是什麼負擔也沒有，但人卻自以為是，強認色身一直為己所有而不變，才會苦不堪言。

試著騰空一切，任何時地，無拘無束，你就會沾到天堂的味道。

# 因緣的真義

如果想親近佛陀，了解佛陀教法的核心，不知道因緣的真義，就會徒勞無功。

一般人對因緣的理解是基於生活的經驗，認為凡事必有因，子子孫孫代代相傳，總有個源頭，但推求無盡的結果，就會碰到瓶頸。為了尋找「第一因」，理性推敲的結果不外乎兩條出路，在宗教信仰上，萬有的造物者應運而生；科學上，就推估萬物係緣於大爆炸等起源理論。

基於生活經驗所建構「凡事必有因」的常識，理性思維的結果，第一因的尋求卻碰壁而自動設限到此為止，明顯地自相矛盾，所以常識的認識及理性的思維結果，不一定會跟實際的現實相符。

因緣的認識可以是很粗略的，但佛陀對因緣的了解是非常深邃的，並非單純基於常識及理性的思維，而是親身體證、層層洞見世間的實相，才發現世間現實是因緣，所有一切的現起都是因緣所生。

「緣生」並不是指所有因素的累積聚合而產生，緣生並不是會有什麼結果產生，以甲乙為例，甲+乙=丙，甲乙為因，相加為緣，彼此影響、相互改變之後為丙，丙並不是新種，它只是甲乙在關係中相互影響、彼此改變後的過程，而且這個過程，還會在其他關係當中繼續影響改變。

一般人妄見丙中有甲有乙，正如1＋1＝2，2中有兩個1相加而成，其實相加之前，甲乙各在何處？相加之後彼此相互影響改變，而且非單向，也就是在關係當中，甲固然影響了乙，但甲在影響乙的流程中也已包含乙已影響甲的因素在內，同理乙影響甲的情況也是一樣。

我們一直誤以為自己是固有不變的，其實我們不是甲就是乙，在成為朋友或是其他關係之前，你我皆不知身在何處？而發生關係之後，還會依然故我（你）嗎？

能正解佛陀因緣法及緣生法，對於「無常」、「無我」及「空」等名相，就可以瞭然於心，而貼近佛陀本懷，切莫因為不解，就盲修瞎練。

# 智慧的正說

智慧不是背誦、記憶能力，也不等同聰明，有智慧一定是個聰明人，但是聰明人不一定有智慧。

智慧就是對事情認知的模式，就是對世間一切現象的生起，具備了然於胸的能力。

世間的現實就是因緣，而所有的一切法都是在影響中呈現，故不自生，亦不從他生，不共生，亦非無因生。

一切事情的生成皆依賴各種條件，其直接主要的根本條件為「因」，間接配合成就的次要條件為「緣」，連結集合根本因及各種緣由互相配合，才能成就現象界一切法，即為因緣，有因有緣而法成。

所有的人事物，都是在這世間彼此關係相互影響中才能呈現，故自己不可能獨立存在，也並不是純然受他人影響而生，亦非共同形成的結果，所以任何人都不可能自外於關係中的對象而片面決定任何事情。

對世間有這樣正確的洞見，對現實就不會有不當的期待，而能平懷看待所遭遇的一切，這就是生活的智慧。它不是抽象思考，不是哲學，更不是宗教信仰，而是對世間是因緣、緣生的正見，它才能真正解決生活中的困難與痛苦。

# 因果與因緣

很多人包括大部分的佛教徒都認為「因果律」是佛教的核心，也認為「緣」只是機會，所以有緣深緣淺之說；亦有謂佛法對因果律特著重於「緣」，即所謂「因緣果」，有「因」無「緣」仍不能成「果」，要看主客觀環境來決定，從「因」到「果」要看機會，不一定會出現「果」，它也是有機率性的，倘若因果中間的「緣」十分簡單，甚至趨近於零，那這段因緣果便擦肩而過了。

佛法的核心是因緣觀，「果」是結局，「緣」是影響。大家都知道，佛教對於是不是佛法正宗，有三個嚴格的檢驗標準，即「三法印」，就是諸行無常、諸法無我、涅槃寂靜，若有「果」的概念，就必然與三法印相違而不是佛陀的教法了。

即便是研究方法最嚴謹的物理科學內涵，雖設立任一物理現象總有其必然決定性的因果存在，一定的因會導致一定的果，例如手上的石頭落地，受大自然中萬有引力的物理定律所支配一定會落在同一個位置，但經過實驗也證明，有很多相同的因果的系統匯合，雖有了「因」（起始條件）但後來結果卻不一定會現形，也是機率性的。再微觀質量很小的電子落地實驗，更有

「測不準原理」等現象產生，所以物理現象的因果關係也是受「波動式」及「統計式」雙重機率性所管制。

若認為世間係受「因果律」支配者，就是宿命論，那就會有只要我們適當的努力或尋求一個正當的方法，似乎可以將所有的一切固定下來，在我們的生命裡可以真實把握住，而對現有的一切產生不切實際，不可能實現的貪求。

世間是因緣的，世間的一切現實都是在關係影響中所呈現，不可能會有固定的結果，所有的一切都只是影響而已，而且影響之後，還是影響而已，沒有結果！

# 矛盾

以「宿命論」認識世間的人們，碰到事情還是要問為什麼？如果一切都是命定，那世間現起的所有一切，不都是由過去所決定的嗎？包括您的「為什麼」！那還需要問嗎？

如果現在是由所有過去所決定，那我們做什麼？能不能有結果？也早已定案，幹嘛要努力？欠債不用還錢，殺人不必償命，因為都是上輩子欠的，還了反而怪。

宿命論不是指過去世及未來世而已，也包括今生，現在之前的過去都算，所以在此之前，已經做了的事情，全部都是要算清楚才行。

宿命論會讓人生消極，思考打結，它是不法取得權利者或獨裁政權最愛的，生活過得不好，本來就是活該，而且還要道歉。

生老病死是「生」的多面向呈現！有生就有老病死，「愛別離」、「怨憎會」、「求不得」也是一樣，不能只要愛永聚，怨永不交會，有求必應。

「生」不單指自母體呱呱落地，而老病死除了人體色身衰退的過程外，還包括所有一切事物演化的流程，一起都在「變」。不能愛「生」恨「死」，只要你生，所有一切的老病死同時奉送，是必然的、當然的及平常

# 隨緣

有人說：我們都是天地的過客，很多人事，我們都做不了主，一切隨緣吧！

一般人所講的「隨緣」是隨「業」緣，而非善觀「因緣」，所謂的業緣就是指過去的因緣，也是落入宿命論的窠臼。

「隨緣」不是佛法，它是印度耆那教的教義，大部分的佛教徒把它揉雜在佛陀的教法裡面，讓佛陀揹黑鍋，如果是這樣的意思，其實「一切隨緣」徒逞口舌之能，講起來容易，卻沒有人做得到。

因緣不是在過去，而是真正的現實，在彼此關係影響中所呈現出來的一切，「緣」沒有時間性，沒有所謂的「過去」跟「未來」，只因「緣起多面性」，用現在記憶的內容與正在發生的經驗，區隔成歷史跟現在，藉以作為辨識的標記而已，至於未來，也只是現在經驗的推度，這就是緣生的必然！

「因緣」沒有過去、現在、未來；「我見」才有，是「我」不解因緣現實，誤認緣生的流程中，自己可以掌握、可以擁有而執取為「我」。事實上的「我」只能經驗、參與而已，知道這個，就會了然金剛經所講的「三心不可得」（過去心不可得、現在心不可得、未來心不可得）是什麼意思。

# 怎麼看問題？

是問題，才需要回答、才需要解決；不是問題的問題，不必回答，更沒有解決的必要。

但我們常常在爭論一些不是問題的問題！用「是非對錯」看問題，就是不了解真正的問題所在。我們真正的問題，是痛苦煩惱怎麼發生？問題怎麼解決？

從小就被教育要做「對」的事情，結果人生的經驗，卻常常有已經做對的事，但沒有好下場的感受。

其實「是非對錯」都是彼此關係在因緣中才有意義。你做對了，他做錯了，都是當時對、當時錯。如果你希望對了以後有好下場，就必須認知「有那件事，沒那個人。」否則，你就會陷入別人做錯，你卻恆受折磨的困境。

# 世界



「走不出去，眼前就是你的世界；走出去，世界就在你眼前！」，言簡意賅，耐人尋味的勵志言論，問題是哪種「世界」？是「記憶的世界」？還是「現在經驗的世界」？或是個人所「認識的世界」？

水果攤老闆兜售橘子「包甜」！經試吃甜度滿意後，決定購買，買回家再吃的感覺落差很大。回憶交易過程，老闆賣的橘子是甜的印象是「記憶中的世界」；買回再吃的感覺卻是酸的。事實上，囿於個人的經驗跟背景而認識的是「記憶中的世界」，不一定跟「現在經驗的世界」相同。

而「現實的經驗世界」是，縱使同株同批橘子亦有酸有甜，老王賣瓜自賣自誇，或是橘逾淮而為枳，諸多因素相互影響改變而成的。

所以「記憶的世界」也是植基於個人在橘子交易過程所「認識的世界」，不一定是現實的經驗世界。

由於我們對「世界」的認知混淆不清，認為經老闆兜售包甜且經試吃滿意後採買回家的橘子一定甜的，而對買回的橘子充滿了期待，就容易產生煩惱。

買回再吃橘子時是現在經驗的世界，聯結到的記憶是回憶的世界，聯結當中所形成的就是認識的世界，所有的憂喜苦樂及種種需求都與這個認識的世界有關聯。

我們最大的問題，就是活在自己認識的世界，卻將其當作實際經驗的世界。

# 經驗與實證

有些事需要知道，有些事不需要也沒有必要知道，因為它對人生沒有任何實益。

某甲在中元節夢到親人回家，醒來夢中情節仍歷歷如繪，深信正值中元普渡時節，親人託夢必有所求，而求助於某乙，某乙聽聞後，雖虛言附和，但也好奇某甲是否真有通靈能力而置疑，彼此相同的是，雙方均因此夢境而焦慮不已。

好奇心驅使人們探求真相，某甲在中元節夢到親人，擔心親人是不是因為陷入困境而求助，卻無能力證實夢境經驗是否真實，而陷入僵局。某乙則因無此經驗，出於羨慕或忌妒或莫名情緒的比較心理，內心也因好奇而產生了是否真有通靈之事的煩惱。

人們的頭腦解釋現實，遠遠超過接受現實。所以經驗是解釋現實而得，並不等同現實。某甲做夢的經驗雖然是真的，但經驗的內容卻是出於某甲個人的解讀，某甲本人都無實證的能力，遑論某乙！

好奇心愈重的人，心裡就越容易焦慮，上開夢境既然無法實證，就當作時節因緣所致，反正它對我們的人生並沒有任何實質利益，不需要也不必知道。

# 脫離現實

我們活在現實中，脫離現實，當然不可能解決任何現實上的問題。亟待解決的是現在面臨的問題，不是過去，也不是未來。回憶過往、瞻望將來，均無助於現在問題的解決。

所面臨的必須是，具體實際的事件，正在發生的現實及親身經歷的遭遇，離開這三樣基礎條件，就是脫離現實！

所謂的「現在」不僅限於個人當下身、口、意的行為，還包括行為前的歷史經驗以及個人行為以外的客觀環境，過去的經驗雖然不能決定但可以影響當下的行為，外在的客觀環境也是一樣，個人的行為及客觀環境可以相互影響、相互改變而相輔相成。

歷史沒有辦法改變，客觀環境也非獨力可以決定，但個人當下的努力，卻可以改變歷史在現在的詮釋，也會影響客觀的環境。

脫離現實是不可能改變人生的。

# 無始無終

基本上，觀因緣的人，是不會去找開頭的。

人類文明中，泰半都是「前因後果」的認知模式，但會陷入兩個死胡同。第一個，由於必須回溯到無始的過去，便會牽扯到所謂的「法界無邊」，對於解決當前的問題，並沒有任何實質的助益。第二個，在「前因復前因」的思維模式下，開始自我否定，然後自我設限，定出所謂的「第一因」之後，不再往前尋，向外就是追求一個造物者～神，向內就是所謂常樂我淨的本體。

佛法對現實的認知，就是因緣生！所有的一切，都是在因緣中呈現，所謂的過去，就是在現在身、口、意行為發生以前的前世今生；而現在，並不是從過去開頭而來的，而是影響中形成的，形成的也不是結果，還是另一種影響！

從來就不是問題的問題，任何答案都無助於現實問題的解決！世界有邊無邊？眾生有盡無盡？如來死後有？如來死後無？這些問題並不是沒有答案，只是因為，這是在錯誤的認知前提下所設定的問題，任何的答案都無助於解決問題，所以回答沒有任何意義，切莫把寶貴的生命浪擲在這些問題上面。

Here and now！此刻、此處！任何問題脫離此刻、此處，就是虛設前提、假定條件，再怎麼漂亮，都只是口號而已，煩惱依舊在！

# 正見



世間的現實是因緣，而緣生是對世間現實的正見。

所謂因緣就是在關係影響中呈現的一切，沒有主體，也沒有受格，你我或彼此，都只是藉由文字說明關係密接，沒有斷格而已。所以因緣就只是因緣，並沒有所謂「你」的因緣、「我」的因緣或是「大家」共同的因緣。

世間所有的一切，都是相互影響、彼此改變，而影響、改變後，也只是影響而已。它是一個改變不間斷的流程，所以變動不居，無法掌握。

任何因素，都只能影響但不能決定；任何關係影響後的「結果」，其實也只是繼續影響而已，它不是由自己所決定。所以不要苛求自己自怨自艾；也不是他人可以決定的，所以不要遷怒他人；亦非大家包括客觀環境在內的「共業」。

發生的任何一件事情，它都是因緣所生的，沒有一樣你可以掌握、擁有，你只能參與、經驗，一切盡在當下，正因為現在是無法掌握擁有，所以彌足珍貴！

# 認知的工具

如果你看事情是有因必有果、有果必有因，那認知的工具就是「因果」。如果你認為一切都是相互影響、彼此改變，只有流程，沒有結果；只是參與，不能掌握；只能經驗，無法擁有，那你的認知工具就是「因緣」。

「因果」有前後，而「因緣」是同時發生的。所以用「因果」看待事情的人，一定得積極地找出前因，和不放棄地追蹤後果，經驗告訴我們，這樣只會陷入「無始無終」的窘境。然而，我們只是為了要解決眼前遇到的問題和困難，有必要花費那麼多心思去追求「無始無終」的境界嗎？

用「因緣」觀世間的人，碰到事情是不會去找開頭的，因為那會是徒勞無功的。所以他要解決問題和困難，就能夠聚焦於當下，針對具體而實際、正在發生而且是自己所經驗的現實，絕不觸及任何形而上的，不管是宗教或是哲學。

如果你的認知工具是「因緣」，就可以稱得上是一個有智慧的人，也才是真正能夠解決問題和困難的人。

# 緣

生命中的「緣」都只會出現一次，絕對沒有辦法複製。

至於一般人所謂的「緣份」、「緣盡情未了」、「情深緣淺」或「三世姻緣」，都因不知道「緣」的真相而人云亦云，因果宿命論者，都認緣繫前世、今生、來世。

「緣」無深淺，也不能獨立評價是善或惡；它沒有開頭，不會移動，所以只在此刻、此處（here and now），沒有過去、現在、未來之三世；更不可能遍及十方一切處。

「緣」只在關係中才會顯現，不會先出現，再等著關係發生，而且只是一種「影響」而已，也不歸屬任何人擁有，故「有緣有份」或「有緣沒份」都是誤會。

面對一生中只有出現一次的「東西」，能不珍惜嗎？而且稍縱即逝，因為它只是經驗，無法擁有；只能參與，無法掌握！

情也是一種緣！它不可能永恆不變。熱戀中的情侶發誓：「縱然是海枯石爛，我對你的真情也絕不動搖。」「即使海枯石爛也永不變心。」彼此對於堅貞的愛情，即使海枯石爛，也不會改變的表態，可能是真的意志，但現實生活裡，海水都可能乾枯，堅石也會風化，遑論感情。

「我在未來等你」也是永遠不可能成就的承諾，因為它屬於「想像在現實之外」的期待。

# 想像的真理

經由想像得來的真理，經不起深入的探索，感官經驗不到的境界，充其量只是神話或理論。

若只能靠想像或少數人特殊精神狀態下的神秘經驗，就不是普遍、公開的事實，如何成為客觀公正的真理?!

能理解、認識、體驗的事物或境界，沒有不經由感官而能存在的。一切法的存在，都離不開感官對境界的認識。而佛陀真實的教法，所謂的一切法，也是僅限於感官及因感官而生起的法。

正因為凡人的感官無常，不會對任何一種刺激保持不變的關注，儘管再美好的經驗，倘若持續不斷地刺激，很快就會感到疲勞的。所以外在的事物，絕不會有「常」可言。

佛法注重的無常，不在於外在的萬事萬物，而是感官本身。是以一切法都是立足於眾生自身，從眾生的感官角度出發，實在不需要再去施設宇宙萬物「成住壞空」與世間諸法「生住異滅」，讓人耗盡一生也不容易理解的理論。

# 新年新禧

期待過年的除舊佈新，卻又傷感於歲月的流逝，時間的巨輪不斷地滾動，我們的情緒大可不必要隨著波動，因為時間的概念，是我們為了便宜而施設，不是用來嚇人的。

「回憶」是現在的行為，「記憶的內容」則是過去發生的經驗。為了辨別彼此，才有過去、現在的概念。至於未來，則是對於現在發生的事實的推估。

佛法離不開身心活動，身心活動所及，才有境界可言。學習是為了解決問題，學得以後束諸高閣，就於事無補。是不是「法」？端賴它面對實際的生活困境有無方案解決。

不管舊曆或是新年，過去的不復返，未來則不一定會發生。關鍵在於人們能否善解因緣把握此刻此處的當下，如果一直都不是活在「境界」中的人，就算有天堂，也無福消受。

# 見法

「見法」並不是在自己的感官之外發現新的境界，而是對原來的境界認知起了革命。

法喜是在見法之後才說的，一般人聽了一場演講或法師的開示，就覺得法喜充滿，其實，是否真正見了法？只有自己知道。

是否「見法」？其實不難判斷，端賴該法能否解決切身的實際問題，如果只是聽了很舒服，嚮往不已，但很難做得到，高興之後還是會繼續迷惘。

有些人等著被救贖或接引，那就是仰賴「他力」，連自己都不能做主，就只能人云亦云，隨波逐流。好像一提到「他力」，平常習得的知識或常識就不管用，如果連基本的邏輯或論理法則都說不通，卻還堅信不疑，夫復何言！

見了法就會有正確的人生觀，雖已有出世的修養，仍採取積極進取的入世態度，生活就會有質感。

既然生命是奇蹟，人生似流水，豈能任讓奇蹟付流水?!

# 業障與因緣

業障是繩結，因緣是解脫。

多少佛子錯解因緣即業障，終生為繩索所捆綁，欲求解脫，恰如緣木求魚。

多少人碰到困境，就搬出「隨緣」解嘲，「命裡有時終須有，命裡無時莫強求。」命定之說應運而出。甚者發展出「欲知前世因，今生受者是，欲知來世果，今生作者是。」現在由過去所決定的宿命論，因而悄然揉雜混進了佛法的殿堂。

業障、隨緣的概念都不是佛法，所以「善有善報、惡有惡報。」也不是佛法。不過，行善止惡雖不必然有「報」，但對我們的人生一定有好壞的影響。

任何的因緣都只能影響而無法決定，只是個過程但沒有結果。這是一個必然的、當然的、平常的現實，漠視或違抗它，自尋煩惱而已。

對於現實有了因緣的認識，就會有一切法都是「緣生」的正見。人生雖然只是個過程，但發生任何的事情，都不是故意針對你量身訂作的，只要盡力於當下的因緣，煩惱一定比別人少、比別人短，甚或就在今生解脫，也可能實現。

# 交易

不是什麼東西都可以拿來交易的！

把「不存在的標的」拿來交易者，若非無知，就是自欺欺人的行為。有謂「買空賣空」者，也是買賣的類型，為什麼不能交易？其實望文生義，就可以知道買空賣空，至少還有一個「空」可以買賣，事實上，也是市場存在的交易型態。

不管在東西方，「贖罪」文化都大行其道。罪可以贖嗎？根據統計，嚮往天堂的地區，犯罪率比堅信有地獄的社會要高，探求原因發現，有無「贖罪信仰」機制是關鍵。

因為犯了錯可以贖，可以懺，人們就比較容易脫軌。問題是「罪」可以交易嗎？人間的罪或可以透過刑事政策減輕甚或免除，但真能經由宗教信仰懺除罪障？

以前種種譬如昨日死，做錯了不必急著懺悔，但做錯事確實會造成影響，我們能夠做的，讓做錯事情的過去歷史經驗，成為日後處事的前車之鑑，若能惕勵來茲，才有己利利人的機會。

「罪」沒有交易的可能性，沒有任何人，包括「神」，可以接受或幫您贖回。

# 達人

我們對於擅長生活技巧及品味者，譽為「生活達人」，來稱讚這些懂得如何生活的人；但面對困境時，如果一樣是手足無措，那就不值得欽羨。

生命的歷程是「個人長跑」還是「接力賽跑」？或許大部分的人都會認為是個人長跑；但這不是真相，洞見事實後，就會發現它是接力賽跑！

凡人認識的生命過程是「一輩子」，甚至臆想上輩子，推估下輩子，都是自己一個人在繼往開來。有過接力賽跑經驗的人都知道，無法掌握前棒、後棒的速度，只能期待、乾著急，但還是得盡力跑出好成績。

了知生命的歷程是接力賽跑者，才能真正地活在當下，成為生命達人，無畏任何橫逆，對於順境、逆境都能平懷看待。

# 無關哲學

地球自轉一圈二十四小時，赤道全程是四〇〇七六公里，即便靜止不動，我們也是以每秒近四百六十四公尺的速度飛馳，速度超過音速，所以任何時刻，你都是乘坐在地球上，以每一秒鐘四百六十四公尺的速度自轉著。這是事實，不是哲學思考。

我們體驗到的永遠是過去！當你在十公尺外看到友人前來，你所看到的不是此刻的他，而是三千萬分之一秒前的他，因為光速每秒三十萬公里，而從他身上反射過來的光子，需要三千萬分之一秒的時間，經過十公尺的距離後，才能進入你的眼睛，這也是事實，不是哲學思考。

佛法不是哲學，否則就沒有什麼特勝之處，釋迦牟尼佛陀在二千五百年前出生，就不值得大書特書，因為東西方哲學大儒太多了，不差佛陀一個。

所以講佛法，只要脫離現實就不是！離開了人的身心活動，討論佛法，就沒什麼好談的。我們是血肉之軀，俯仰於天地之間，這是活生生的事實，我們不能指著它說：它是「無常」、它是「無我」。

我們只能說一個人活在世間，在諸多關係中相互影響、互相改變。沒有一個人可以長生不老，沒有一件事情可以永恆不變。所有的事情都只能參

# 世間是苦？

君不見信仰天主教、基督教的國家，如歐美國家，科學進步，政治昌明，社會較為富庶；反觀，佛教盛行的區域，如東南亞國家，無論政治經濟或科技發展程度，均較為落後，究其原因，顯然跟部派佛教立論「世間是苦」有關。

「五濁惡世」理論發展的推波助瀾，讓佛教徒認為世間是苦，而生逃離之心，認為此生無可眷戀而另尋他方淨土，而出現消極避世的人生觀。或逕認為世間是「空」，一切都是虛妄不實，空無實體，不能當真，卻又要信眾積極入世，行善佈施，但不能當「真」。等同教人一腳猛加油，一腳踩煞車，顯然矛盾，這不是佛法的真實義。

佛陀從來就沒有說過「世間一切都是假的」！所謂的世間是架構在感官與境界繁複密集的相應過程中，就是靠我們能「見、聞、嗅、嚐、覺、知」的「眼、耳、鼻、舌、身、意」等接收訊息的官能，對「色、聲、香、味、觸、法」等境界的存在而賦予意義及價值，這樣的人生過程是因緣的。所以世間的一切法，不自生，也不從他生，不共生，也非無因生，是故知緣生。故眼睛有、視覺有、對象也有，只是中間沒有一個「我」，也沒有「我所有」的存在，永恆不變是錯覺，只是一種妄見。

出「世間」的真義，並不是要人們否定而逃離現實世間，去另尋一個世外桃源；而是希望大家知道如何解決現實的問題，及處理造成現實痛苦的緣由，而出離那個「妄想的世間」。

# 懂得

我們一輩子都在修如何「懂得」的學分。

我們學了很多知識，知道了很多的常識，經驗了不少情事，還是覺得要「懂得」生活或人生，其實並不容易。

一般的宗教，利用人們對大自然與生命的無知，以及因此而產生的恐懼，據以勸善懲惡，而發展出人神關係與情感寄託的信仰，雖然很難查證是否真實，卻也讓很多人在情感上找到庇護。

建立在人神的主僕關係，固然在情感上得到依賴與寄託，但這種奠基在人們對生命無知的恐懼與懲罰的信仰，經驗告訴我們，大部分的人，面對困境時，仍是迷茫的，實在不足以作為安身立命之道。

佛陀是歷史上存在的活生生人類，為了探求人生真義，也是像神農一樣，冒險苦嚐百草才找到良方，發現「緣起」的真理。

宇宙萬有之中，大如虛空，小如芥子，包括「人」在內，沒有一樣是獨立自存的主體，都是眾緣和合，彼此依存。雖然佛教多元發展，但無論大小乘、南北傳或顯密教，均肯認一切法是「緣生」。

我們之所以會有麻煩，就是把「人」當作獨立、永恆、能夠主宰的「生命主體」。「我執」即便從道德的角度觀察，也是一切自私自利的思想根源，何況它不是實相！我們如果要一直昧於事實，不破除「我執」，認為自己是不變的主宰，跟事實作對，要活得解脫自在，形同緣木求魚。

一輩子就是在修「懂得」，這個學分修不好，人生到處都是難關，即便關關難過關關過，品質也好不到哪裡去。

# 勝解與體驗

「勝解」是深刻的理解，它可以讓人達到堅定不移的階段。雖然，它不一定要經過真實的體驗；不過，也不是一般平常的了解程度。

「勝解」不只是聽聞而來，要經過如理思惟後，達到確定無疑的程度，所以也是一種理智，但存在於還沒有能夠實際體驗的修行階段。

「體驗」就是「如人飲水，冷暖自知」，沒喝之前，存在相不相信的問題；一旦喝了，就很清楚，相不相信的問題就不存在了。

信仰，是所有宗教成立的必要條件，但不一定是出於理智的「勝解」，而只是緣於情感與意志的感性皈依。

佛教如果只是或偏重感性的信仰，就會悖離佛陀原意，而與佛法理智的特質漸行漸遠。

佛陀的親身體驗及如理思惟架構，讓我們深信祂的教導，確實能夠徹底地止息人生所有的苦迫，油然而生堅持佛法修行的志向，深信任何時空，都沒有能夠超越這樣的智慧。

有了這樣的「勝解」，就是「正見」。再將理智結合情感、意志及信仰而成為「正志」。當然，只要是人的思維，就可能存在推向預測上錯誤的風險。所以在修行過程中，還是要不斷地保持著理智的觀察、思惟以及檢證，透過親身經驗的實踐，來印證消弭這樣的風險。

從實證中，堅定信仰，再由堅定的信仰中，支持修行的意志，透過這樣的理智與信仰，輾轉增上，就在今生解脫，並非不可能實現的夢想。

# 佛法的特色

佛法的唯一特色就是因緣觀。

因、緣可以不必細分，總論因緣，即每一法（就是東西有一定的相貌，能保持一段時間，能讓我們感受到它的存在者）的生起，必須具備某些條件。凡是能為生起某法的條件，就稱為該法的因緣。不但是生起，滅而不存在，也需要具備種種障礙或破壞的條件，那也是因緣。

有謂：佛也講因果云云，沒錯！但此「因」非宿命，也不是神意，更與一般自以為是的「非因計因」有別。例如有一些人認為今生多吃些苦，未來即能得樂，往生善處，像這種毫無意義的苦行與自己所想要達到的目的毫無因果關係，就是「非因計因」。

佛法的因緣觀，包括正確而必然的因果關係，所謂因果關係，就是現實存在的事物，絕不會自己如此，必須從因而生，在一定的條件下，才有法的生起。至於正確而必然的因果關係，就是現實的一切事項，固然是因果，但在因果間也循著必然的理則成立，例如有生必有死。

「果從因生」的事象及「事待理成」的必然法則，都是存在於世間，易於眼見及理解，就是我們所熟知的「此有故彼有」。但這也只是讓我們了解到一切「事出有因」，而且諸多原因與結果間的關聯，不是隨機的偶然，而有其必然與再現性，問題是這樣子的理解，還是不能究竟解決我們的煩惱。

佛法因緣觀的特勝之處，就在發現前揭必然性與再現性的理則，也不是「實在的、常住的、獨存的」！例如上開有生必有死的理則，是連結在生與死的因果中展現，離開生與死，就是「此無故彼無」，有生必有死的理則，就失所附麗而沒有作用了。

有看過死亡證明書的人，就知道死因至少要載明，直接致死原因，另外尚有間接原因及其他遠因。當然我們可以層層追攝死因，不過，追到最後，就會發現一旦出生，便難逃一步步邁向死亡的必然！

# 輪迴

緣何有生？為何有死？在生之前、在死之後，有「我」存在嗎？

生死大事，死亡無可迴避，出生也無從選擇，生前死後是怎樣一個世界，大多數人不知道，但都很想要知道。所以自古以來，這問題吸引了無數人的關心。

一般人對於生前死後世界的遐想，泰半出自於現世認識的延伸，而隨著不同的種族、文化、宗教而有不同的說法。在印度，「輪迴」是生活與文化思想的一個普遍共識，除了少數唯物論者以外，沒有不立於輪迴思想的基礎而言生死問題者。

佛教雖然接受了印度傳統輪迴的思想觀念，卻對之展開了根本上的變革。佛教的輪迴觀，最重要的特色，就是在「無我」的基礎下，接受輪迴是一種現實存在的現象。

相信輪迴者把現世與生前死後結合成一個整體性的宇宙，生命在其間，只有型態的變換，沒有絕對的毀滅。佛教反對印度傳統的輪迴觀，即輪卻迴須有一絕對不變的主體，因為這樣的看法是有問題的，事實上，輪迴必須奠基在「無我」的基礎上。

說起來容易，做起來很難，沒有一個「我」，誰來受報？徹底的無我，會不會造成道德上的危機？有輪迴好？還是沒有好？印度人雖相信輪迴，但一方面並不是樂觀地欣喜於生命之不朽，另一方面又悲苦地感嘆獲得永恆寧靜的艱難，所以無窮的輪迴，等同無限的苦痛，那為什麼又強要有一個「我」在承先啟後呢?!

「無我」與「輪迴」原本就是相互衝突的概念，雖然「無我的輪迴」結合成為佛教思想的一大特色，但一般人還是認為萬物眾生背後，皆有個永恆不變的實體，不管叫做靈魂或者是其他什麼都好。不過，在人間生死，在人間成佛，這也是佛教思想的特色，何不好好把握當下成就，而花時間去計較生前死後有沒有一個「我」?!

# 心與五受蘊

「心情愉快」指的就是情緒感受，相當於五受蘊的「受受蘊」；「心思敏銳」就包含了思考判斷，等同五蘊的「想受蘊」；「心意已決」即意志力達到五蘊中的「行受蘊」。而這些心理活動都是來自於接觸周遭事物後的反應，全離不開五受蘊中的「識受蘊」，所以「心」涵攝非物質性的受、想、行、識，故佛法經典中，心、意、識泛稱同一件事。

「心猿意馬」就是一顆無法自制的「心」，在自己築起的花花世界裡難得平靜，主導著一個人的氣質、行為，甚至於長相，才會有「相由心生」的說法，所以心也像彩繪高手的大師，畫什麼像什麼。恰如佛經云「心、意、識，日夜時刻，須臾轉變，異生異滅。猶如獼猴遊林樹間，須臾處處，攀枝捉條，放一取一。」

為什麼「心」會那麼活躍？因為五受蘊中的「識受蘊」不甘寂寞，到處找機會攀緣，在色（物質的、生理的）及受、想、行（心理的）等四受蘊中活動，即識攀緣色、受、想、行住，也就是人們常說的心隨境轉。

如果不相信，就試著坐下來閉上眼睛數呼吸，馬上就會發現，自己的心念是多麼不甘寂寞，想東想西，無法專注，就像在樹間攀枝捉條、躁動不停

# 佛法的核心

有人問佛，大概說些什麼？佛曰：「有因有緣集世間，有因有緣世間集，有因有緣滅世間，有因有緣世間滅。」簡單地說，就是論因緣、說因緣的。佛陀認為真正的佛弟子，是不會把心思花在關切前生與來世的，而是此時此刻此處的今生！

在六根面對六境（塵）的身心活動中，只有因緣條件的聚散，沒有不變的主人存在，唯五蘊而已。但情感上，人們總希望在這個五蘊中，有一個主體可以依靠，可以擁有，感覺才會實在一些，那就是我執、我見了。

人們習慣於「有我」，對於「無我」產生疑惑，甚至害怕，所以直接對人們宣導世間一切無我的存在，顯與人們的認知相左而難以理解，就算勉強接受也無所適從。況世間的因緣是有的，只是生命的流轉背後，並沒有一個永恆不變的主體。所以佛陀才說：「如實正觀世間集者，則不生世間無見；如實正觀世間滅者，則不生世間有見。如來離於兩邊，說於中道。」

一切事實的發生都是取決於因緣條件的具足與否，主觀的意願與努力，固然有可能改變因緣條件，但未必盡如人意，即便如願，也總有失落的一天，這就是「無常」。緣起的世間，必然無常；而無常就會有「苦」，既然無能主宰，只能任令生命流轉，當然不會有永恆不變的「我」存在。

緣起的法則是這麼樣地單純易懂，但很多人就是不信邪，偏偏要執著於「欲令如是、不如是」的我見，當然會紛擾不斷，歡喜做、甘願受！平懷看待世間，悲喜皆是因緣條件的組合，都會過去的。

佛陀看世間，就是說因緣、論因緣的因緣觀，一切事實都是因緣所生的，緣生所以無常，無常故苦，苦故無我！這就是佛法的核心。

# 寵辱不驚

「寵辱若驚，貴大患若身。」得寵不用高興得太早，有可能是受辱的開始，老子認為身體是大禍患的來源，人有身體，因而產生無窮的欲望，想要各種物質享受以及世間的名利權位，然而得與失，往往受制於外在條件，因此造成無盡的煩惱，所以寵辱禍患都是生命的困境，如果真正愛惜身體，就要避免讓它陷入困境。

有身體就有面子、形象，開始與人爭名利，其實名譽只有對認識自己的人才有意義，稱讚不要高興，批評也不必難過，因為毀譽的對象不一定與自己完全等同，人生就是不斷選擇的過程，選擇對了，日子就可以過得紮實，否則就會開始懷疑人生，能夠自主，才能平靜安祥。

週遭有很多人不缺資源，就是快樂不起來，其實如果有機會與自己的內心連結，就能喚醒一種感受自己的覺知，當下就會產生一股愛自己的力量，根本不需要別人的肯定，即便無端受到波及，也會坦然面對，不會隨便就對號入座。

快樂與幸福本身，其實沒有想像中那麼難，大部分時候是替自己設定快樂幸福的條件太嚴苛，才讓自己常常活在不滿足的情緒中而感到不快樂、不幸福。

# 共同的語言

苦難是共同的語言，但宗教未必；微笑是共同的語言，而宗教不一定。環繞在我們生活的周遭，存在林林種種的宗教，同一宗教有時候還有各式各樣的教派，各有不同的宗旨與教義，對於生命的問題與解決方案，切入的角度也各有不同。

問題是受苦的人，不一定見得到苦的真相，往往是看不到苦！教徒也是如此，關鍵不在於信仰哪一宗教，而在於你有沒有從其他宗教看出自己宗教的苦難，同時就可以看到促成宗教之所以成為宗教的東西就是苦難。

如同攬鏡自照，自我無法透過自我來認識，惟有透過鏡映的他者，才能深切認識自我；進而認知，其實那個鏡映的他者也是自我！苦難就是苦難，它沒有宗教的分別，真正見到苦難的人，就會以合宜的方式幫彼此減緩痛苦煩惱，增長彼此的喜悅寧靜。

「苦難之於生命，就像裂縫之於茶葉蛋。」如果你對苦的了解透徹，相對地，對於擺脫、遠離痛苦或如何與它相處的方法，自然就會去追尋，這種動力是來自生命解脫的邀請與召喚。

好的佛教徒應該幫助基督徒成為更好的基督徒，而不是改造為自己認可的佛教徒；反之亦然。不管任何宗教，大多因為苦而有了信仰，這才是共同的語言，把標籤或形象抓得太緊，不但自己辛苦，也度不了別人。

# 回憶是現在發生的行為

記憶的內容固然是過去發生的事，但記憶卻是現在發生在自己身上的行為。

記憶中的自己和他人及所發生的，都是過去的事，當你對著回憶的人事生氣，生氣的對象和傷害永遠都是自己。

「禍兮福所繫，福兮禍所倚。」塞翁失馬，焉知非福？人生的高度決定於行動的態度，生活的品質決定在是否善待記憶，智者能把苦難轉化為生命成長的滋養與動力。

苦難是我們共同的語言，但宗教不是；微笑是我們共同的語言，但宗教不是。故因宗教而衍生的歧見，並非必要。一個好的佛教徒可以讓基督徒成為更好的基督徒，而不是企圖把他改變成另一個佛教徒；同理，一個好的基督徒也可以讓佛教徒成為更好的佛教徒，而不是想改造成為另一個基督徒。

處心積慮想要把別人改變成自己想要的形象，並非真愛；當愛有所求，附帶條件時，一定會有不滿足的時候，這就是煩惱的源頭。

天可憐見，對現況不滿的，不管他們發抒的對象及方法，其實他們真正的敵人是自己，但他們不知道。

# 雙箭喻（身苦與心苦）

把世間形容成「五濁惡世」，人活在世間，受盡折磨，苦不堪言，無法安心修行，並鼓勵佛弟子誦經、拜懺、布施等，俾能早日脫離現世，由佛接引到西方極樂世界等勝境，才能離苦得樂，這也是一種「戒禁取」，不是讓人解脫的正見。

佛經雖認人有生老病死、怨憎會、愛別離等苦，但遠離世間，或消極地逃避現實，也不能夠離苦得樂。《六祖壇經》云：「佛法在世間，不離世間覺，離世求菩提，猶如覓兔角」，正足以說明要修行、悟道，甚或成佛，都不能離開世間。

佛法多聞聖弟子與一般凡夫一樣，都有苦受、樂受與不苦不樂受，差別在於：一般人對五蘊不如實知，對來自於色、聲、香、味、觸等所生成的五欲，順我則貪戀，逆我則瞋怨。對於不苦不樂的覺受，也渾沌未明，為癡所驅使。

凡夫在貪、瞋、癡的驅使下，為生老病死、憂悲惱苦所牽絆，就好比中了第一支毒箭，感官上的身苦外，接著又生起憂、悲、苦、惱，形同又中了第二支毒箭一樣。

佛陀用雙箭來比喻，人有身苦，有心苦。如冷熱酸痛麻癢，是所有人同感的身苦；憂、悲、惱怒等心苦，只有凡人才有的感受。

每個人的機會是均等的，不清楚、不正確的人生觀，老是以自我為中心，就會作繭自縛、自尋煩惱，正所謂天下本無事，庸人自擾之的凡夫俗子。事實上，人的憂、悲、苦、惱等情緒反應，是從自我的觀念所產生，並不是與生俱來的，清楚了，痛苦就會減少，也會縮短悲傷的期程。

# 師心自用

這句成語大家都常用，但很可能並不完全知道它的典故及真正的意旨，如果單純從字面上解釋，「師心」就是以心為師，「自用」就是按自己的主觀意圖行事，即指人固執己見，自以為是，不聽別人的意見。事實上，它寓有更深的人生哲理。

「師心自用」語自莊子齊物論「隨其成心而師之。」莊子認為：不論宇宙萬物外在的環境和形式如何變化，都有一個真實的力量主宰著，不會隨著外在的環境而改變。人一生下來，就稟受著自然的變化，卻執著於自我，與外物牽扯糾葛，到處奔走競逐，終身勞苦忙碌而疲憊不堪，而不知伊於胡底？這不是一件很可悲的事嗎？人生在世有必要這麼糊塗愚蠢嗎？

細究人之所以如此，無非都是以自己的想法作為評斷是非的標準，而所有的是非都是因為人有先入為主的觀念而產生。且自以為是的先見之明，其實也只是成見而已，用它來看待事情，豈能周延？甚者，在問題還沒有釐清之前，就已經有了是非對錯判斷的堅持，未發先至，更是倒果為因、本末倒置。

欲增加任何的知識，不如先培養解讀知識的胸懷，養成無我的心境，不

# 神仙鬼話

「精神活動可以獨立於肉體之外存在。」的說法，就是神仙鬼話。五蘊中的受、想、行都必須依六觸，而六觸指的就是眼、耳、鼻、舌、身、意等六根與色、聲、香、味、觸、法等六塵為緣生識，根、塵、識三事和合形成「觸」（代名詞）。

精神活動的受、想、行與生理覺知的識，都是非色，它們不會獨立存在，必須依於六根，否則不會有覺知反應，而沒有根、塵、識三事和合的因緣，也沒有受、想、行的可能。

佛陀教導我們，眼色為緣生眼識，眼根、色塵、眼識三者會合而有觸，以觸為緣而有受，以受為緣而有渴愛，以渴愛為緣而有取，以取為緣而有「有」，以有為緣而有生，以生為緣而老、死、憂、悲、惱、苦生起。「有」指的是「有身」，就是五蘊，或者可以說識與名色，有貪愛在其中，就形成了五蘊的結。

所謂「名色」的名就是精神活動的「受、想、行」，依「色、受、想、行」，或者說依名色的因緣，也可以說依六根、六塵的因緣而有識。我們愛識卻誤以為愛的是六塵，六根再追逐六塵，六根、六塵的因緣就起，當然也可以說色、受、想、行的因緣就起，或是說名色的因緣就起，這也就是「識緣名色」，因愛識而增長名色的因緣。

很多人對於輪迴，議論紛紛，莫衷一是。其實就是「名色緣識」及「識緣名色」彼此間，不斷地迴圈所形成，因為愛六識會滋長生死輪迴，也就是推動生死輪迴的助力。

一切的眾生皆依食而住，生命的持續與茁壯都需要食物，而食物固然有物質食糧，也有精神食糧，愛六識就是對「識食」這個精神食糧生貪愛，再加上誤以為愛的是六塵，才會形成「喜貪潤澤、生長增廣」之「有結」，為未來世再生、再有的因緣，「有」之後就是六入生，有「有結」就有生死輪迴。

佛陀說世間就是「六內入處」，即眼內入處，耳、鼻、舌、身、意內入處。（雜阿含經，二三三）也就是我們的身心活動，或注意力所及的地方，離開注意力，這世間就不存在。六祖壇經的名句也是這麼說：「佛法在世間，不離世間覺，離世求菩提，猶如覓兔角。」離開世間而論佛法，當然是無從考據的神仙鬼話！

# 想像力與注意力



培養正念是首要的工作。正念是佛法的核心，就是把我們的注意力拉回當下的一股力量。佛弟子所琅琅上口的「佛在心中莫遠求」，其實所謂求「心中佛」就是培養正念，可惜大都不解其意，只把它當作經誦或成語來背。

「觸」是根、塵為緣生識後，根、塵、識三事和合所形成，我們如果能夠清清楚楚地覺察當下六根、六塵為緣，即眼睛看到、耳朵聽到、鼻子聞到、舌頭嚐到、身體觸到、念頭想到等細微的動作及感受衝動或認知想法，也就是明明白白地「觸」到什麼？就簡稱它為「明觸」。如果渾渾噩噩、隨波逐流，甚至把注意力放在遠離當下的對象，那叫做「無明觸」。

心經有一句「菩提薩埵，依般若波羅密多故，心無罣礙，無罣礙故，無有恐怖，遠離顛倒夢想，究竟涅槃。」就是正念具足後的境界！

「不耐煩」就是我們常常碰到的困擾，它是瞋心的一種，是無明觸的結果。我們一聽到別人的質疑、嘮叨、抱怨等，心裡就會產生一些波動，它是有層次感，在接觸到別人的言行後，逐漸在身體裡面發酵，如果沒有仔細看，「觸」以後的感受、想法、衝動都隨慣性而來。如果能夠清楚的覺察，就會發現前念、後念之間還是存有空隙，這就是我們是否能夠轉舵自在的關鍵。

人的想像力跟慣性有關，缺乏覺察的結果，就很容易對號入座，當然就煩惱不斷了。注意力所及才是我們的世間所在的地方，隨時把注意力拉到當下，才有克服煩惱的機會。

# 造化弄人

莊子認為作為人類，生存應該追求的最高理想是一個逍遙自適的生活境界，就是自然本身的運行原理，可以稱為「道」或「造化」。所以造化本身是多麼逍遙、自適及無目的性而有技巧地安排自然界運行的一切，怎麼會「弄人」?!

造化本身無所限制，是人類在社會生活的觀念有太多無謂的堅持，才會有「被」弄的感覺。如果我們能夠靜下來好好檢視社會生活中彼此之間的許多要求、原則、禮俗、規範是否真的有必要？卸下不值得堅持的部分，才不會被外境所煩擾，而在心境上盡情追求逍遙自在的空間。

社會議論紛紛，然而不管那一家言說，總有一個預設好了的出發點，也可以說是「成見」，所以發言的角度特定，在一定的範圍內，或許有效，但若無限制地擴及所有對象，就會有問題。

我們如果能夠認知任何的社會議論適用上都沒有絕對性，就可以平心靜氣地理解任何觀點的有用性，甚至有肚量欣賞到這些觀點的智慧。然而世人心胸多不開朗，有了一點就要無限開演，於是到處充滿排斥他人的絕對性意見，有我無你，爭得面紅耳赤。

「風」本身是無聲的，所有的聲音都是經過山林高低起伏走勢及樹林粗細及大小凹洞所形成的空隙才產生的，人們因為自己生活上的需求，而發出不同的議論，本非社會存在的根本，是人類建構許多規範作繭自縛還要拘束他人，所以看到周遭的人們鮮少真正活得快樂幸福。

人類在自然界中的生存活動也可以像「風」那樣地運作，真實、逍遙、自適。尤其知識分子，為了一己片面形成、自以為是的理念，耗盡心神，真是人世間最悲哀的人，而且距離真理會越來越遠。

# 不知道的自己

很多觀念是信以為真，但不見得合乎事實。
有些事情經左腦思考後，雖然邏輯上合情合理卻不符合事實。
很多人囿於道德觀念做事情，是認為「應該做」，而不是做了會快樂。
右腦本能務實，它的結構關係到人的直覺，就是背後靈魂想讓我們知道的事。

情緒本身就是慣用左腦思考後「搞錯」所造成的東西。
很多事情不是想通就好，想通到落實之間的路還是非常遙遠。
所以聽了一場演講，看了一篇文章就法喜充滿，甚至認為開悟了，都是一廂情願的想法。

我們都希望過得快樂一點、幸福一點，沒有經過紮實的訓練，它只是一種想法或只會曇花一現而已。

多聽聽右腦發自內心深處的聲音，因為它只看事實，而且一直都在，從來沒有跑到外面去，可惜這是我們「不知道的自己」。

我們都誤以為「被」知覺到的身心活動現象、情感和思維就是自己，這是慣用左腦思考，被既有觀念所控制的結果。

修行就是用「我們知道的自己」去長養「不知道的自己」，這需要時時用心、處處留意，不可能一蹴可幾！

# 如理作意

如理作意，等同如實正觀，也就是將我們的心、意、識放在適當的處所；簡言之，就是將注意力由衷地放在一切法都是因緣及緣生，能讓我們解脫，而得到喜悅和寧靜的地方。

如理作意的巴利原文叫做yoniso…，按字源分析，是指女性的子宮，也就是眾生生命之所出，是生命的起點，象徵根本、象徵由衷。

由衷就是出自內心、發自肺腑，其實就是正念的展現，也就是我們生活上最根本的注意力所及，不會產生三心兩意的分心抗拒與拉扯。

注意力放在哪裡，決定我們的生活品質。我們的心很容易隨著煩惱的慣性而流轉，不容易聚焦就事論事，常常小事牽腸掛肚，細故遷怒他人，殊不知善待他人就是善待自己，也就是善待自己心中的他人。

生命應該放在美好的事物體驗，而不是消磨在不必要的虛耗與拉扯，抱怨絕對沒辦法改變事實，唯有正念覺察，才能脫離慣性的煩惱思維模式，幫助自己接納事實。

每一個情緒，都是你自己的信念「解釋」出來的，只是如此而已！都是內在主觀事件，而非外在客觀現象，把心安在適當的地方，若敷衍了事、心不在焉，人我無法交心，彼此巨牆高聳。

# 法久必疲

跟俗話「近廟欺神」的意思差不多。

凡人容易上手的東西，都比較不會珍惜；越親近的關係就越出言無狀，失去分寸。

戀愛中的男女力求表現，企求對方的認同。結了婚，新鮮感沒有了，加上一紙契約，反正離婚也沒那麼容易或分手也沒什麼了不起，彼此就邊幅不修了。

招數用太久就會老，演講的時候，學生走了一半，來來去去，不用難過，沒什麼好奇怪的，誰叫你老狗玩不出新把戲。

西方人很務實，不管課程多精彩，都只願意教八個禮拜，因為八周的課程是人類長時間專注度的極限。

事實上，人本身就有一種連結的慣性作用，當你習慣了，大腦的神經網路就開始固定，慢慢地，你原本細微的神經網路就會逐漸擴大，剩下的就是寬泛途徑的往來，慣性行為會讓我們沒辦法體認每一次新鮮感。

審美觀念也會疲勞，看久了都會膩的，有人稱讚就一定有人嫌，那不是你的問題，切莫自怨自艾。

# 不要與自己的記憶過不去

如果你認為生命充滿煩惱痛苦，大部分是因為你無法接受自己。比較精確的講法，是你無法接受自己過往記憶中的他人與自己。

事情發生了，留下的只剩下記憶。如果你還是有什麼過不去的，就是與自己記憶中的他人或者是自我過意不去。

時過境遷，或許真有人跟我們發生過嫌隙，讓我們生氣，甚至傷害過我們，那他們現在到底存在哪裡呢？到現在我還耿耿于懷，對方知道嗎？原來你還在對著記憶裡的那個人及那一件事情生氣，其實那個人就是你自己，而你生氣的那件事，也是你想出來的，真正對象永遠都是自己，傷害的也是自己而已。

世間就是我們注意力所及的地方，離開注意力，其實世間就不存在，生活當中會特別留心的事情，一般是自己最在意的，世間如鏡，若有所見，皆是自己對鏡的投影，你的生活品質決定在你的注意力，不要搞錯對象。

## 習以為常

Google人工智慧（ＡＩ）系統AlphaGo先後打敗南韓圍棋天才李世乭及大陸世界棋王柯潔後，姑不論人機大戰輸贏是否損及人類尊嚴或道德風險，但打造AlphaGo的DeepMind公司三位聯合創始人之一的Demis Hassabis曾經說過：「用演算法將智慧提煉出來，有可能成為理解人類思惟最神秘原理的最佳方式。」殊值深究。

AlphaGo背後是一種神經網路系統，借鑒深度強化學習（Deep Q-Learning）的技巧，靈感來自於心理學中行為主義理論，即有機體如何在環境給予的獎勵或懲罰的刺激下，逐步形成對刺激的預期，產生能獲得最大利益的習慣性行為。

AlphaGo打敗李世乭時，柯潔本來還信心滿滿稱已洞悉弱點，有信心取勝，自己下場時，看起來非常緊張不斷地抓頭髮，異於以往的從容不迫，輸掉首盤後，除了讚嘆AlphaGo像圍棋上帝外，表示還是喜歡和人類下棋，ＡＩ一直在進步，差距越來越大，勝率接近於零，這太痛苦了。

「慣性行為」會讓我們腦中幾十億的神經元的連結，從異常敏銳變成理所當然的麻木感，而派不上用場，最後成為一部慣性運作的機器，重複輪轉，從而感受不到存在的真理，人工智慧學習到我們的長項，而我們卻派不上用場，或許這就是人工智慧打敗人腦的部分原因。

從小我們就很喜歡第一次的新鮮感，當成就感產生以後就習以為常。當我們再回到第一次的看，第一次的聽，第一次的嚐，第一次的觸，第一次的想，像雨過天晴，雨水滌淨的初心，沒有成見，不帶情緒，或許還有可能跟AlphaGo一較長短。

# 正念

念是指心中的念頭、想法、思考、感受、情緒等心理的內容與變化。正並非世俗地正邪兩立的正，而是「現在進行式」。「正念究竟是什麼？簡單說，就是一種溫柔、敏銳的覺察力。也是一種覺察、靜觀，時時刻刻，平靜地，覺知身體的感覺、情緒、想法，而不加批判。」（溫宗堃）

人們覺得現代生活非常混亂，大部分的人都苦尋原因無果。君不見，人手一機，埋頭苦滑，拜網路與手機等科技之賜，我們鎮日活在急於與他人連結的世界，但自己的心連結到了嗎？

凡人徒嘆人生苦短，韶光不斷地在指間流逝，造成生活上很大的壓力，而正念就是要學習專注在我們擁有的每個時刻。如果把「念」拆開就是「今」加「心」，也就是現在當今的這顆心。試問何時活在自己的生命中？猛然發覺，並不安住於現在，竟在過去或未來，總是在計劃或擔憂什麼事發生。

正念就是覺察，且是純然地覺察，不帶任何評斷。但思考與情緒卻主宰了我們的心，即使睡覺也不斷地想，做出情緒反應，結果造成很多不必要壓力與痛苦。中文字的「怒」也很有意思，說文解字是「心」的「奴」隸，透

# 相由心生

我們所「見」，係以「想」為基礎。而「想」字拆開就是相、心，通常我們除了憑空幻想以外，心都會有相可憑。事實上，不管是憑空幻想，或是心外確有一個現象可憑，然而我們大部分的想都不一定是實相。

「想」就是用心去感知某件事物，而一般人都會相信自己感知的對象是在感知的主體（自己）之外，這只是一種「見解」，而且是錯誤的。例如當我們看到而感知月亮時，每個人所看到的跟看到以後的感受都不一樣，但月亮明明是同一個，所以當我們感知月亮的時候，月亮就是自己！

我們感知人事物後的方式，因人而異，白雲蒼狗都取決於我們的歡樂、悲傷或者是憤怒的心。所以我們的「想」帶著一切主觀性的錯誤，然後再根據錯誤的前提，對所感知的對象加以讚賞、責備、譴責或抱怨。

我們如果對快樂有特定的看法，相信只有在某些情況下，才能使自己快樂，弔詭的是，往往就是這種對快樂的看法，讓我們無法快樂，所以我們的快樂或痛苦，其實是「想」決定的，深入觀察「想」，才能擺脫它的束縛。

有人認為正見就是一種正確的見解，不能說有錯；事實上，並沒有任何一種見解就是真理本身，任何見解多基於某個立足點，因此才會被稱為「觀

# 編輯

言語是讓思考表現的途徑，一旦說出，就不再是屬於自己的隱私。所以如果有些心事不想讓別人知道，說出之前，內心要有一部分功能必須扮演編輯的角色，像報紙或雜誌報導一樣。

有時候心中充滿苦楚，未經細想就脫口而出，甚至怒不可抑，發為行動，傷害了自己或別人，而慨嘆「身不由己」。「苦」是日積月累造成的，如果你不知不覺，到了再也無法壓抑的地步，它就只有爆發漫流一途。

一時的情緒、一天的心情、一生的性格，從存在的久暫，可以大別情緒、心情及性格的本質。煩惱緣於情緒，時間持續就會變成心情，習以為常就會形塑成一輩子的性格。只有透過不間斷的覺知，才會知道心中究竟有什麼東西在形成？甚至擴大。這就是「正念」！

口不擇言，連自己都不知道說出去的話是從哪裡冒出來的，當然常常會事與願違，無意傷人的話，讓人聽起來卻偏偏尖酸刻薄。控制不了自己的人，想要給別人正向的影響的目的，就不容易達成。

當我們時時刻刻修習正念，有了正念，所有的念頭和感受才能了然於胸，利弊得失再加以編輯後表達出去，就會知道自己正在說什麼，也會知道它到底是有用的言論，還是只是會製造問題的垃圾話，這就是「正語」！

煮了一陣子的蛋，就擋不了它的熟成，要盛怒的人息怒是苛求，情緒起於念頭，加入我見就會有延續作用，執著就會不斷加溫，因緣形成後，回頭太難。這就是「正思惟」後所產生的「正見」。

其實八正道的實踐也可以這麼簡單，簡單就快樂，快樂也就幸福了，而幸福就是人在天堂，把佛法搞得艱澀難懂也是一種罪過！

# 解脫的次第

不能在今生解脫的，就不是佛法！

「先知法住，後知涅槃。」是佛陀教導人們解脫的次第。要先建立正確的世間的緣起知見，明白煩惱生起、流轉、還滅的因緣，然後才能透過集中精神，專注思惟，離於我見，不起煩惱，而得解脫。

禪定是修行的一種工具，但不是解脫的關鍵，而且若沒有因緣觀的正見為本，還有可能在禪定力的催化下，讓邪見更堅定。若禪定可以解脫，佛陀早習得甚深禪定，為什麼還要坐在菩提樹下，獨一靜處，專精思惟?!

佛陀不是為了解決眾生的煩惱而離開皇宮的，當然也不是為了成佛而坐在菩提樹下的，而只是心裡有苦，單純為了得到解脫才坐下來靜思的。佛陀教導的正法就是「現見，離熾然，不待時，即此見，緣自覺，自證涅槃」。

所以，修行的目的就是要從煩惱中解脫，要自力救濟而不是仰賴他力，今生就要達成而不是死後或來世，隨時隨地都有可能由自身經驗體證。

不要去管成不成佛？涅不涅槃？以錯誤的觀念修行，連苦都斷不了，奢談其他！

# 善待自己

一般人會認為要博愛大眾可能不容易，但要善待自己，有什麼難？剛好相反，愛自己常常流於口號，甚爾愛之適足以害之，例如縱容自己使性，表面上看起來是善待自己，其實反而是一種傷害。

時下很多追星的年青人，寧可省吃儉用，花大錢購票，只為了親近偶像的行為是很容易理解的，因為偶像就是他內心裡的自己。

信靠皈依的對象更是如此，天主基督、諸佛菩薩、太上老君、無極老母、玄天上帝等諸神祇，其實都是內心的自己。

過去的經驗，形成記憶的過程中，經過轉化後，就會以另一種「它者」的形態來呈現。所以在心中愛過、恨過的人，傷害過或被傷害過的事，都不是他人，而是內心世界的自己。

能夠善待世間的一切眾生，就是善待內心世界所呈現的外在對象，才是真正地善待自己。

# 修行不是糟蹋生命

修行是從哪裡解脫呢？是從生命中解脫嗎？還是五受蘊？有些人為了解脫，拼命折磨自己的身體，虐待自己的精神，這是在石頭上撒種，煮沙豈能成飯?!

先問問自己為什麼要修行？還不是因為動不動就有煩惱！而煩惱過後還是煩惱，因而苦不堪言。但煩惱是生命造成的嗎？這就要分析生命跟五受蘊的關係。

其實生命就是我們身心活動的總稱，而我們的身心活動，為方便說明起見，就把它叫做「五蘊」——色、受、想、行、識，以眼睛為例，眼睛看了外界的塵境，就產生了眼的知覺，簡稱眼識，根塵識三者具足，合用「觸」代名之，由觸產生了感覺（受），進而思考（想）、決意（行）。其他「耳聲為緣生耳識」、「鼻香為緣生鼻識」「舌味為緣生舌識」「身觸為緣生身識」「意法為緣生意識」等五組亦同，依次產生受、想、行，當然未必每一「觸」都會有受、想、行完整的呈現，有可能僅出現其一、其二。

我們的生命就是五蘊的身心活動，自己不會有煩惱，當我們不明瞭五蘊是因緣所生，產生貪愛，妄見五蘊是我、我所有而形成五受蘊才會！所以修行不是要革掉我們的生命，當然不必折磨或虐待我們的身心。

了解五蘊是因緣所生，生、老、病、死不僅僅是「應然」而且是「必然」，落入「我見」後，就變成五受蘊，執取五蘊為我，所以又叫五取蘊，當我見生起，就是煩惱出現之日。

# 覺者與宗教家

覺者就是覺悟的智者，有一分證據說一分話；宗教家則希望大家都來信，所以要把信的內容講到完美無缺，不管有沒有辦法證明，只要教徒相信就好。

佛陀是個覺者，而不是宗教家，其教法從來沒有離開有情眾生現前的經驗範圍。佛陀是從觀五受蘊的集、滅法而見十二因緣法。

一般對十二因緣的理解是三世輪迴如何進行？如何滅除？但與其空泛臆想地擔心生死輪迴的苦，還不如擺在當前生活當中，身心運轉所產生的煩惱，故十二因緣真正的核心是當前的身心如何運作？如何現起？在身心現起的當下，愚癡、貪欲、瞋罣又如何發生？

有人把佛法當作是一種方法或是一條道路，也有人視為信仰來皈依。其實，對走在這一條路上的人來說，佛法是當下親自的身心經驗，學法的重點是如何開展這身心經驗，而在生活中能夠有所受用。

當我們實際觀察眼，色及眼識如何生起，對視覺的感受、記憶、想法與決斷又是如何產生？就可以了然一切都是因緣所生，很多期待在現實中根本不可能實現，如果偏偏執迷不悟，非「如何」不可，當然是自找苦吃。

# 為什麼要破「我見」？

因為它不是事實，只是一種錯誤的觀念及想法，且沒有形體，故難以捉摸，卻具體而微、無所不在地影響我們的行為，讓我們感受到它的威力強大，茫然不知所措！

「我」是主宰的意思，要對周遭的一切，都能夠自由支配並做得了主，才夠格。從我們的身心活動反應觀之，總覺得有一個能主宰而不被改變的「我」存在其間，然後被這個「我」所繫縛，就像一條狗被綁在柱子上一樣，這就是「我見」。

「我見」產生以後，對合己意會產生喜樂，感覺就像嚐到美味一樣，吃完了，還餘味猶存，進而貪戀，如同繩結一樣，緊緊的綁在一起，不幸的是，天下沒有不散的筵席，曲終人散時，就會產生苦的禍患。

因為有主宰的慾望，才會在順「我」意的時候，產生貪欲，逆「我」意的時候產生瞋念，也因為看不清現實的真相，鎮日癡心妄想。

我們都知道貪、瞋、癡是煩惱的根源，想要解脫，不被煩惱所束縛，非破除「我見」不可。

# 破妄顯正與顯正破妄

要從佛法中得到利益，一定要分清楚這兩個概念。

我們手上拿著一張白紙，然後對著白紙說，它不是紅色的。我們看到的是一張白紙，但我們沒有看到「不是紅色」的白紙，「不是紅色」是我們的推想，所以「紅色」的白紙是妄見，「不是紅色」的白紙是妄見的破除。因為不是紅色，也有可能是綠色或灰色，不表示它就是白色，所以破妄不能顯正。

一般人習慣說「世間是無常的」，所以禪觀的時候，就觀「無」常，可是怎麼觀，都是「有」，因為「無」是推想出來的，怎麼觀得到？甚爾，覺得自己業障深重，為什麼修行總是無法成就，其實煮沙怎麼可能成飯?!

世間的現實是因緣，即「此有故彼有，此生故彼生，此無故彼無，此滅故彼滅。」而緣生就是對現實的正見，一切都是因緣所生，變動不居，故可以推想出「無常」的底蘊。但我們不能指著世間的任何東西，說它是「無常」，因為我們所看到的是「因緣」，而「無常」只是推想而已，並非真正看得到。

體證現實是因緣及緣生的正見，才能破除一般人對於現實是「常」的妄見，對於五蘊集滅的如實正觀，才能發現緣生是現實的正見，所以破妄不足以顯正，顯正才能破妄。

# 心的訓練

沒有經過訓練的心，是無法成就任何事情！不要只做你喜歡的事，不要放縱你的想法，而停止這種盲目的追隨並不斷地阻擋這「無明」之流，叫做訓練。

一切事物，包括我們的身心，都在不間斷地流失，這是一項你無法改變的自然現象法則，你喜歡也得接受、不悅也得釋懷。受過現代教育的人都知道，抗拒規律的結果，不但於事無補，還會多吃苦頭。

觀察內心的思念、情緒和感受，最後確認它們是「生起之物，必然消失。」的本質。無論物質的事物和心理現象都是如此，無一例外，這是規律，無法抗拒，也無法改變。所以，修行不是追求更多的平靜，或從平靜中獲得更多的快樂。因為平靜是無法企及的，追求它只是自尋煩惱而已。修行就是體驗平靜與不平靜的流動及轉換，進而明白身心的平靜是很容易被打破的，而不再企求。

平靜是一種心理狀態，它是無常變遷，無常變遷的事物是靠不住的，你無法保留它，必須超越它。對每一個生命而言，在一生中經歷善善惡惡的事物是很自然的，去觀察這些事物的起落，但不要產生執著。你無須花時間成為宗教理論專家，但不管你的信仰為何，堅持這種練習，就可以讓心不奔馳在過去或未來而活在當下。

信仰不需要能力，但修行就得必須投入時間進行練習，來增長覺知力，而覺知就是一種能力，不是知識！修行的本質是親自操作，身體力行，直接與身心接觸，而非透過文字概念或思想來瞭解身心的本質。

修行如果不是癡想「成佛作祖」，只要能減輕甚至解脫無謂的煩惱，生活的品質就會大大的提高，又何必刻意造作，把自己逼成怪模怪樣，其實那也是一種貪。

修行要不緩不急，細水長流，你若作得自然而清醒，智能也會自然產生。無人能代你修行，你也不能替他人用功。別留戀已經過去的煩惱，也別預期尚未出現的困難，當你生自己的氣或者感到自憐時，這是瞭解內心的最佳時機，無論你多麼賣力，智能絕對不會從慾望中產生。

# 照見五蘊皆空

心經上的名句，照見五蘊皆空以後，就可以度一切苦厄，故能否洞見五蘊皆空的現實，是解脫的關鍵。

五蘊皆空並非指五蘊什麼都沒有。而是指我們人的身心活動，緣於六根（眼、耳、鼻、舌、身、意）對外境的六塵（色、聲、香、味、觸、法）所生的六識，在每個遇緣對境的當下，根塵識三事和合生觸，進而起「受、想、行」，都是個個不同的因緣所生，它沒有固定的內容，其間也找不到一個永恆不變的主體，所以它沒有主人，既非我，也非我所有。

若能深觀緣起，洞徹一切包括五蘊都是因緣所生法，就不會對外境迎拒而產生黏著及反應，讓我們不在憂、悲、苦、惱的情緒中繫縛翻轉，而能自苦海中解脫。

修行不是要斷除生命或一些實際存在的東西，而是要照見五蘊皆空，去除「自我」的假象，從生活經驗中，正觀生命只是五蘊自然展轉，藉由不斷生滅過程的緣生現象，洞見無常、苦、無我的生命本質，發現煩惱就是從「我執」即執著五蘊為我或我所有開始的！

# 世間解

佛陀有如來、世間解、天人師、佛、世尊等尊稱。其中之一的「世間解」，有人把它解讀為佛陀是全知全能的意思，諒係基於信徒的景仰而發自內心的讚嘆，本無可厚非，但若因而不求甚解地盲信，反而無助於修行。

人們常在言談間，慨嘆世間無常或世態炎涼云云，似乎認為大家的世間都是一樣的。其實不然，街頭、路樹或許外觀矗立不變如昔，但不同的人眼見所及，囿於注意力及專注度，卻不盡相同；同樣空間傳來的音樂，每個人聽聞後的感受也不一樣。所以，即使有所謂「客觀」的世界存在，必須經過人們「主觀」的世間詮釋以後，才有意義。

佛陀所謂的世間就是：眼見、耳聽、鼻嗅、舌嚐、身觸及心意所及的對象等等十二處，其中眼、耳、鼻、舌、身、意等內六入處是知覺身外世界的感官，而色、聲、香、味、觸、法等外六入處則是人所能經驗到的最大世間範圍，就是這世間的一切！除此之外，沒有別的，超越這個，就是臆測推度，屬於無法驗證的神仙鬼話，或可以作為生活的調劑，如果要修行，顯然是不夠的。

或許有人會說：這樣的世間概念範圍太狹隘，那只是佛陀為了符合一心只想了生脫死的小乘自了漢的應機說法而已，佛陀講的世間應該擴大為宇宙的萬有，包括山河大地、日月星辰云云。其實佛陀的說法頭到尾都沒有離開有情眾生當前現實的經驗範圍，此觀雜阿含經篇章中，佛陀曾說：「如果有人認為十二處，並不是世間的一切，還有其它範圍！那麼只要反問他：『所指的一切又是什麼？』，對方就無法回答，只會更加突顯他對問題的無知。因為這不是他能力可以經驗得到的！」等情，就可以了然。

我們都曾有與熟人錯身而過的經驗，本想叫住對方而作罷，彼此客觀的環境一樣，主觀的世間卻不同。試想，注意力未及的人事物，對自己的生活有什麼影響?!

每個人都會碰到困境，但狀況一定因人而異，彼此的世間就會不同，動不動就聚在一起「恨世間」，很可能會恨錯對象，打擊錯誤的結果，只能相互取暖、自我安慰，無法真正止痛療傷。佛陀之所以被尊為「世間解」，是因對世間的正解而能提供務實的修行方法，而不是無法驗證的神蹟。

# 存而不論

有一位老先生向佛陀求助，希望在有生之年，仍能親證生命煩惱解脫之道，因為年紀逐漸老邁，希望佛陀能用簡單、容易理解的方法教導他。

佛陀說：「就讓看只是看，聽只是聽！」人不外透過眼、耳、鼻、舌、身、意六種管道認識世界，也因接觸、經驗獲得資訊後，而有了種種慾望，因欲求不得，就會產生煩惱。

我們的頭腦大部分時候是在解釋，而不是接納事實。所以得到的是經過詮釋判斷所衍生的知識，而非現實的原貌。

修行的標的是真實而不是知識，尤其是經過自己詮釋判斷後的知識，那是慣性的產物。然而不判斷不表示永遠不抉擇，而是要讓每一個經驗充分呈現，不受到慣性思惟的干擾及情緒的影響。所以不判斷，其實是為了爾後好好判斷。

對於存在的現象保持覺知，不輕易詮釋及不貿然作判斷，目的就是避免慣性思惟及情緒介入，直到覺察到意識所現，確未扭曲事實，而是原來的樣子為止，莊子哲學「存而不論」的目的也是如此。

我們吃飯會噎住，走路會跌倒，就是因為吃飯沒有好好吃，走路沒有好好走，道理就是那麼簡單，文謅謅的講法，就是在「根、塵、識」三事和合生觸的當下，沒有好好保持正念覺察。

# 齊人之福

有一首描述齊人之福的台語歌謠：甘蔗好吃雙頭甜，大老婆娶完娶細姨……。我們都知道倒吃甘蔗、漸入佳境的勵志言語，所以甘蔗雙頭甜就是違反事實的不當期待，經驗也不吝惜地一再示現一屋雙嬌的下場，沒有想像中的那麼樂觀。

人們一方面慨嘆人事變動的無常，卻又期待喜歡的人事恒常不變，這更是矛盾而不切實際的冀求。

人們常在不符合主觀預期時，覺得意外，但如果預期本就不可能實現，甚至是這個世界沒有的，那就是意料在現實之外，形同幻想。

有夢最美，希望相隨！不論是夢想或是希望，都是要這個世界現實上有的，才有機會實現。

# 一言九鼎

九鼎是古國寶器，一句話就可抵得上九鼎重，表示說話很有份量，說了就算，能發揮很大作用。而主觀認為自己說話一言九鼎的人，認知取向比較偏於「常見」和「我見」。

雖然在現實生活中，人們瞭解，永恆不變只是一種理想，但卻在內心世界不知不覺中建立了恆常的想像或期待，再據以投射到感情、事業等人際關係。情人們希望彼此相愛時能海枯石爛、至死不渝；配偶能白頭偕老、永浴愛河；至親好友們關係能永遠和睦不移；子女能自始言聽計從；事業能磐基永固。這就是對人生美好狀態長存期待的「常見」。有這樣認知取向的人必然會不斷地要求對方以符合自己主觀期待的方式回應，結果當然不會盡如人意，而且還會變動不斷，客觀現象常與主觀期待產生落差，一定會有痛苦。

現實本就變化難測，本身並不會造成痛苦，人們之所以痛苦，是我們不接受變化的現實，仍使性透過慾望的發酵，強用主觀恆常認知取向的「常見」去框變化多端的現象界，才會有苦。

「常見」再加上以自我為中心的認知取向，就會形成「我見」，同時衍生「我所」、「我慢」，會對與自己相關的人事物產生不必要的執取，例如對子女的教養，一定要按照自己的觀念想法行事，稍有拂逆即氣急敗壞，表面上是為了子女的利益，其實大部分是「我見」在作祟。

認知取向有了常見、我見後，說話就會有「一言九鼎」的執取，一旦對象不順服，就會覺得顏面受損，而產生痛苦，如果還死不悔改，就會眾叛親離，再多話就會被「一言九頂」。

# 不可理喻

有些人在溝通過程中，指責對方不可理喻後，還繼續爭論不已，本身就是不可理喻。

講道理的人不會執著自己的說法一定對，而是在衡量所有支持與反對的論據後，才決定要不要堅持自己的意見。

講道理的人，甚至會對可能出現而影響原來說法的新論據，採取開放的態度。當其他人提出有力的論斷後，他也會虛心接受，樂於改變自己原有的看法。

講道理的人比較不容易迷信，因為他服膺理性，所以凡事就是「求真」。理性要求我們相信有最強論據支持的說法，而懷疑正是我們檢視各個說法的論據是否可採的必要條件。

所謂懷疑，並不是就結果而言，不能相信任何東西；而是指思考的時候，我們必需經過的過程和應該堅守的態度。

不經思考就相信的名言，只會離成功越來越遠。如果「知識就是力量！」那「法國就是培根！」（這句話的原文是 Knowedge is power - Francis

# 緣起緣滅

有人說緣起緣滅，皆有定數；也有人說緣聚緣散一切都是天意。甚至有人以男女關係的感情為例，認為男女情緣都是前世因果的牽連，在今生機緣成熟時相遇，就是緣起；當因果償還結算後，沒有糾葛，自然就分開，就是緣滅。

「緣」只會在「關係」中呈現，而且呈現出來的也只會是一種影響而已，是彼此相互改變，不是片面決定。

因為只是影響，無法決定，但可以努力改變現狀，所以因緣觀與宿命論不同。

「緣起緣滅」是佛陀發現的自然法則，所以不會有「關係」以外的人安排。所謂一切皆有定數、都是天意，老天自有安排等觀念，或許短暫可以慰撫人心，但那是因果論也是宿命論。

以男女關係的感情為例，相識的「緣」、熱戀的「緣」、配偶的「緣」，看起來好像是同一個其實仔細想想，無論時空背景或內涵截然不同，因為這中間已有太多的「影響」加進去了。

「緣」沒有過去、現在、未來，因為它不是個固定的東西，它是個過程，隨時在變，變了就不會是同一個。

新銳生活25　PE0144

新銳文創
INDEPENDENT & UNIQUE

# 世間如鏡
## ——以子為師

作　　者　蔡碧仲
責任編輯　鄭伊庭
圖文排版　周妤靜
封面設計　蔡瑋筠

出版策劃　新銳文創
發 行 人　宋政坤
法律顧問　毛國樑　律師
製作發行　秀威資訊科技股份有限公司
114 台北市內湖區瑞光路76巷65號1樓
電話：+886-2-2796-3638　傳真：+886-2-2796-1377
服務信箱：service@showwe.com.tw
http://www.showwe.com.tw
郵政劃撥　19563868　戶名：秀威資訊科技股份有限公司
展售門市　國家書店【松江門市】
104 台北市中山區松江路209號1樓
電話：+886-2-2518-0207　傳真：+886-2-2518-0778
網路訂購　秀威網路書店：https://store.showwe.tw
國家網路書店：https://www.govbooks.com.tw

出版日期　2018年6月　BOD一版
定　　價　300元



**Printed in Taiwan**

國家圖書館出版品預行編目

世間如鏡：以子為師 / 蔡碧仲著. -- 一版. --
臺北市：新銳文創, 2018.06
面；　公分
BOD版
ISBN 978-957-8924-15-4(平裝)

224.517　　107005853

# 讀者回函卡

感謝您購買本書，為提升服務品質，請填妥以下資料，將讀者回函卡直接寄回或傳真本公司，收到您的寶貴意見後，我們會收藏記錄及檢討，謝謝！如您需要了解本公司最新出版書目、購書優惠或企劃活動，歡迎您上網查詢或下載相關資料：http:// www.showwe.com.tw

您購買的書名：________________________________

出生日期：________年________月________日

學歷：□高中（含）以下　□大專　□研究所（含）以上

職業：□製造業　□金融業　□資訊業　□軍警　□傳播業　□自由業

□服務業　□公務員　□教職　□學生　□家管　□其它_____

購書地點：□網路書店　□實體書店　□書展　□郵購　□贈閱　□其他

您從何得知本書的消息？

□網路書店　□實體書店　□網路搜尋　□電子報　□書訊　□雜誌

□傳播媒體　□親友推薦　□網站推薦　□部落格　□其他__________

您對本書的評價：（請填代號　1.非常滿意　2.滿意　3.尚可　4.再改進）

封面設計____　版面編排____　內容____　文／譯筆____　價格____

讀完書後您覺得：

□很有收穫　□有收穫　□收穫不多　□沒收穫

對我們的建議：________________________________

________________________________

________________________________

________________________________

請貼
郵票

11466
台北市內湖區瑞光路 76 巷 65 號 1 樓
**秀威資訊科技股份有限公司** 收
BOD 數位出版事業部

（請沿線對折寄回，謝謝！）

姓　名：________________　年齡：________　性別：□女　□男

郵遞區號：□□□□□

地　址：______________________________

聯絡電話：(日) ________________ (夜) ________________

E-mail：______________________________